Berndt Marmulla

Der Weihnachtsmord

und vier weitere Verbrechen

Bild und Heimat

Von Berndt Marmulla liegt bei Bild und Heimat außerdem vor:

Der Kinderwagen-Brandstifter *und vier weitere Verbrechen* (Blutiger Osten 2019)

ISBN 978-3-95958-227-8

1. Auflage
© 2019 by BEBUG mbH / Bild und Heimat, Berlin
Umschlaggestaltung: capa
Umschlagabbildung: Chris Keller / bobsairport
Druck und Bindung: CPI Moravia Books s. r. o.

In Kooperation mit der SUPERillu
www.superillu-shop.de

Inhalt

Reise in die Vergangenheit

Berlin, 6. Juli 1994. Ein sonniger Sommertag. Vögel zwitschern in den Bäumen und unsere Katze spitzt die Ohren. Ich sitze auf dem Balkon, trinke die zweite Tasse Kaffee und schaue dem vorbeifahrenden 155er-Bus in Richtung S-Bahnhof Pankow nach. Kleine Kinder spielen vor dem Haus, lachen und rangeln herum. Ein Junge zieht einem Mädchen an den Zöpfen. Ich grinse und erinnere mich an meine eigene Schulzeit, in der ich Monika, die direkt vor mir saß, solange an ihrem Pferdeschwanz zupfte, bis sie heulte und die Lehrerin mich vor die Tür schickte.

Mein Gott, denke ich, *ist das lange her.* Eine Nachbarin und ihr Enkel kommen mit vollen Taschen vom Einkauf zurück. Ich winke ihnen zu. Sie grüßen zurück. Ich habe das Gefühl, im Urlaub zu sein. Weit weg vom Alltag und all den Kleinigkeiten, die noch zu erledigen sind. Zur Bank gehen, das Referat für den nächsten Tag vorbereiten. Und zum Sport und in die Sauna will ich auch noch. Also volles Programm. Mitten in meinen Gedanken hinein öffnet meine Frau die Balkontür und drückt mir die BZ in die Hand.

»Schau mal, das wird dich mit Sicherheit interessieren«, sagt Gabi und bleibt erwartungsvoll im Türrahmen stehen.

Obwohl ich keine Lust zum Lesen habe, hat sie mich neugierig gemacht. Und Neugier ist ein wesentlicher Antrieb in meinem Leben. Als mein Blick in die Zeitung fällt, traue ich meinen Augen nicht. Das Bild eines alten »Bekannten« springt mir entgegen. Ein Foto von Reiner S. Ein alter Fall aus meiner fünfundzwanzigjährigen Vergangenheit bei der Kriminalpolizei. Obwohl ich seit zwei Jahren außer Dienst bin, versetzt mich das Foto und die Überschrift »33-jähriger Sexualtäter erneut festgenommen« schlagartig in eine andere Zeit. Er hat sich äußerlich nur wenig verändert. Die gleichen flach gekämmten Haare, die großen, weit aufgerissenen Augen und das schmale Gesicht. Nur der Schnauzbart ist neu und auch seine verbrecherische Vorgehensweise. Hatte er damals Mädchen zwischen acht und elf Jahren sexuell missbraucht und gequält, so lese ich jetzt, dass er fünf Prostituierte in Berlin vergewaltigt hat. Ich lasse Sport und Sauna sein und gebe mich den Erinnerungen hin …

Berlin-Lichtenberg, Nöldnerstraße. Montag, 24. September 1984

Maike war ein aufgewecktes Mädchen. Zehn Jahre alt, dunkelblondes, halblanges Haar und Brillenträgerin. Sie lachte gern, war strebsam in der Schule und bei allen beliebt. Und sie verstand sich gut mit ihren Eltern. Im Gegensatz zu vielen anderen Kindern in ihrem Alter. Zum Abschied noch ein Küsschen für die Mama. Dann lief sie los. Sie war spät dran und auf keinen Fall wollte sie nach dem Schulklingeln ins Klassenzimmer kommen. Ein einziges Mal war ihr das passiert. Damals war sie vier Minuten zu spät in den Russischunterricht reingeplatzt und alle hatten sie angestarrt. Der Lehrer hatte sie stumm, aber mit einem Stirnrunzeln begrüßt. Und weil es ausgerechnet auch noch ihr Lieblingslehrer gewesen war, hatte sie sich besonders geschämt. Sie war rot angelaufen wie eine Tomate und hatte sich dann still auf ihren Platz gesetzt und ihre Tasche ausgepackt. Das war vor fast einem Jahr gewesen, hat aber bis jetzt ein mieses Gefühl bei ihr hinterlassen. Seitdem ist sie immer pünktlich gewesen.

Auch heute hatte sie es wieder pünktlich geschafft, wenn auch nur auf den letzten Drücker. Jedenfalls saß sie beim Klingeln auf ihrem Platz. Und nur das war wichtig. Irgendwie fand sie den heutigen Tag verdammt spannend. Die Biologielehrerin sprach über das Leben im Wasser. Von den Eintagsfliegen, deren Larven sich im Wasser entwickeln, über dem Wasser häuten und dass ihre Lebenszeit nur zwischen zwanzig Minuten und vier Tagen dauert. Als die Lehrerin erzählte, die Männchen würden kurz nach dem Geschlechtsakt sterben, kicherte die halbe Klasse. Im Deutschunterricht mussten alle einen Aufsatz schreiben. Das Thema: Ein Wochenende mit den Jungen Pionieren. Zwei Stunden hatten sie dafür Zeit. Maikes Fantasie schlug Purzelbäume. Sie kletterte auf Bäume, versteckte sich im Wald und ließ von den anderen suchen. Dann ab in den See und ein Wettschwimmen veranstaltet. Natürlich siegte sie und wurde von den anderen Jungpionieren gefeiert.

Als zum Schulschluss die Glocke läutete, packte Maike die Hefte in ihre Schultasche. Ein Geschenk von Oma, mit dem sie besonders sorgfältig umging. Ein wenig traurig war sie allerdings darüber, dass Jens sie nicht wie sonst ein Stück begleiten konnte; er war mit seinem Vater verabredet und musste heute in die entgegengesetzte Richtung. Zum Abschied hatte er sie immer auf die Wange geküsst. Das hatte ihr stets gut gefallen. Ihrer Freundin Claudia hatte sie verraten, dass sie ein wenig in ihn verliebt wäre. Nachdem Maike auch noch Zeichenblock und Stifte in den Schulranzen gesteckt hatte, winkte sie zu Jens hinüber. Auf den Wangenkuss musste sie heute verzichten. Jens war viel zu schüchtern, um sie vor den Augen der anderen zu küssen. Am Schultor blieb sie noch kurz stehen und sah, wie Jens mit zwei Freunden über die Straße rannte. Wenig später bog sie in die Nöldnerstraße ein und träumte vor sich hin. Wie so oft, wenn sie allein unterwegs ist. Ein junger Mann kam ihr entgegen und fragte freundlich nach einer Straße. Nach welcher, daran konnte sie sich später nicht mehr erinnern. Auf jeden Fall liefen sie gemeinsam ein Stück die Straße hinunter. Der Mann erzählte, er wolle von einem Freund eine Säge abholen, um sich einen Schuhschrank zu bauen. Maike blieb stumm und träumte weiter vor sich hin. Als der Mann sie fragte, ob sie gut in der Schule sei, antwortete sie mit einem Ja. Der Mann strich ihr über den Kopf und lobte sie. Die Sonne schien. Maike freute sich. Dann schwiegen sie.

Am Rand eines leeren Grundstücks blieb sie stehen und pflückte ein paar Blumen für ihre Mutti, die sie vorsichtig in die Schultasche legte. Ein paar Meter weiter dann das zerfallene Haus, das sie schon mehrmals mit Jens erkundet hatte. Als der Mann und sie an der Ruine vorbeikamen, packte der Fremde sie plötzlich an den Schultern und zog sie in das halbdunkle Gemäuer. Es roch nach Abfall und nach Urin.

Maike schrie, der Fremde hielt ihr den Mund zu. Weit und breit war kein Mensch zu sehen. Maike strampelte mit den Beinen, wollte nach ihm treten, sich befreien. Er drückte ihr den Hals zu. Sie bekam kaum noch Luft. Der Mann schob sie gegen eine Steinwand und die scharfen Kanten des Mauerwerks bohrten sich in ihren Rücken. Den Schmerz nahm die Zehnjährige kaum noch wahr; für einen Augenblick wurde ihr schwarz vor Augen und sie verlor kurz das Bewusstsein.

Was der Fremde dann mit ihr trieb, nahm sie nur noch wie durch einen dichten Nebel wahr. Sie wollte nach Hause.

Zu Mutti und Vati. Sie wollte ins Bett; wollte nur noch schlafen. Selbst zum Wehren war sie zu schlapp. Was der Fremde in den nächsten zwanzig Minuten mit ihr trieb, beschrieb das Strafgesetzbuch der DDR laut Paragraf 148 als Sexuellen Missbrauch eines Kindes. Erst nachdem Maike mit offenen Augen schlaff in seinen Armen hing und sich kaum noch bewegte, ließ der Vergewaltiger von ihr ab. Nicht ohne ihr zum Abschluss noch zu drohen; sollte sie schreien oder ihn anzeigen, würde er sie töten. Dann hörte sie seine Schritte, wie er auf zerbrochenes Glas trat und fluchte. Dann war es still.

Als Maike aus ihrer Starre erwachte, rannte sie weinend aus der Ruine raus. Sie stolperte über einen rostigen Eimer, fiel hin, stand auf und rannte weiter. Nur schnell weg von hier. Weg von der Stelle, an der sie eben den größten Horror erlebt hatte, den ein Mädchen erleben konnte. Als sie wenige Minuten später nach Hause kam, brach sie im Flur zusammen und erzählte stotternd, was passiert war. Die Mutter fuhr mit ihr sofort ins nächste Krankenhaus und die diensthabende Ärztin beruhigte Mutter und Tochter. Bei der Untersuchung der Zehnjährigen stellte sie Verletzungen an den Genitalien und Würgemale am Hals fest. Daraufhin alarmierte die Ärztin die Kriminalpolizei im Stadtbezirk Lichtenberg.

Während Maike einer älteren Kriminalbeamtin die Tat schilderte und danach erschöpft ins Bett fiel, nahm die örtliche Kriminalpolizei die Ermittlungen auf. Doch es gab kaum brauchbare Täterhinweise und auch die Personenbeschreibung konnte keinem bekannten Sexualtäter zugeordnet werden. Man kam keinen Schritt weiter.

Es war ein Tag wie jeder andere. Nur dass es regnet, fand die elfjährige Doris ziemlich doof. Und dass sie einen Regenschirm für den Weg in die Schule mitnehmen sollte, fand sie noch doofer. Doch ihre Mutter ließ nicht mit sich reden und drückte ihr trotz heftigstem Widerspruch den Schirm in die Hand. Das alte Ding von Oma ist grottenhässlich und an zwei Stellen schon repariert. Einen grünen und einen weißen Flicken auf dem grauen Schirm. Wie sieht das denn aus? Alle würden sie auslachen. Doch Doris hatte schon eine Idee. Mit einem »Na ja, Mama, du hast ja recht«, verließ sie das Haus. Danach stellte sie das Monster heimlich hinter den Apfelbaum und machte sich auf den Weg zur Schule. *Ich bin doch nicht aus Zuckerguss,* murmelte sie vor sich hin. Im Klassenzimmer angekommen, roch es nach irgendwas Süßem. Da hatte Jessy es mal wieder mit ihrem Westparfüm übertrieben. Ihre Tante wohnte in Steglitz und brachte ihr immer heimlich Westsachen mit. Jeans, T-Shirts, Adidas-Turnschuhe und auch dieses Stinkezeug. Ein Junge aus der nächsthöheren Klasse meinte in der Pause: »Bei euch riecht es ja wie im Puff.« Alle lachten, obwohl jeder wusste, dass er noch nie einen Puff von innen gesehen hatte. Ein wenig neidisch war Doris aber trotzdem. Weniger auf das Parfüm, mehr auf die schicken Westklamotten. Die Schulglocke läutete.

Alle saßen auf ihren Stühlen und warteten, dass die Tür aufging und Frau Reimers den Raum betrat. Sie war genauso streng, wie sie aussah. Niemand konnte sie leiden. Graues Kleid, Strümpfe in der gleichen Farbe und einen akkuraten Dutt am Hinterkopf.

12

»Sie ist ein uraltes Monster«, flüsterte Heini.

Doris lachte. Dann waren alle still und schrieben ein Deutschdiktat. Danach zwei Stunden Mathe, anschließend Physik, Chemie und Russisch. Die letzte Stunde fiel aus. Herr Weber war krank. Alle waren froh. Auch er war nicht sonderlich beliebt. Und dass er schielte, machte ihn auch nicht sympathischer. Man wusste nie, wen er gerade im Blick hatte. Doris jedenfalls war froh, früher gehen zu können. Sie hatte Kopfschmerzen und ihre Klamotten waren auch noch nicht wieder richtig trocken. Den Gedanken, dass sie besser auf ihre Mutter hätte hören sollen, ließ sie trotzdem nicht aufkommen. Raus aus der Schule, rechts herum, dann zweimal links. Nun schlenderte sie die Lichtenberger Wönnichstraße entlang. Ein paar Jungen rannten vorbei und zogen an ihren Haaren.

»Man, seid ihr blöd«, rief sie ihnen hinterher.

Doch die lachten nur und streckten ihr die Zunge raus.

Sie hatte eine Eins in der Russischarbeit geschrieben und freute sich auf die zwanzig Pfennige, die sie von ihrer Oma dafür bekäme. Und auf das Eis, das sie sich dafür kaufen würde. Vanille mag sie besonders gern. Aber leider ist das viel zu oft ausverkauft. Übermütig hüpfte sie über den Bürgersteig und versuchte, nicht auf die Risse zwischen den Platten zu treten. Das machte sie oft und freute sich, wenn sie es bis zur nächsten Ecke schaffte. Dabei fiel ihr ein, dass sie ihrer Mutter versprochen hatte, nach der Schule einkaufen zu gehen. Sie setzte sich auf eine alte Mauer und kramte in der Schultasche nach dem Einkaufszettel. Wie immer war ihre Mutter in Eile gewesen, um nicht zu spät zur Arbeit ins Kabelwerk Oberspree zu kommen.

»Mensch, Mama, deine Krakelschrift ist urst schlimm«,

murmelte Doris vor sich hin. Mühsam kämpfte sie sich durch die schwer lesbare Liste durch:

»4 kleine Schrippen
ein Roggenmischbrot
100 g Malzkaffee
2 Flaschen helles Bier
2 Flaschen Vita Cola
ein Päckchen Brausepulver
ein Paket ATA fein, 250 g
1 Schachtel filterlose Real«

Zigaretten und Bier würde sie im Konsum nicht bekommen, weil sie noch nicht sechzehn war. Deshalb würde Oma zum Einkaufen mitkommen. Bei der Gelegenheit würde bestimmt noch etwas Süßes für sie abfallen. Sie steckte den Zettel in die Tasche zurück. Am liebsten wäre sie noch eine Weile sitzen geblieben. Aber Oma, die am S-Bahnhof Wuhlheide wohnte, wartete mit dem Essen. Und es gab ihr Lieblingsgericht: Erbseneintopf mit Würstchen und dazu ein großes Glas Club-Cola.

Doris sprang von der Mauerkante und hüpfte weiter über den Bürgersteig, bis sie für einen Moment nach Luft schnappend stehen blieb. Weit und breit war kein Mensch zu sehen. In der Ferne hupte ein Auto, ein Moped Marke Schwalbe knatterte an ihr vorbei. An der Ecke Münsterlandstraße kam ihr ein junger Mann entgegen und fragte, wie er zum S-Bahnhof Rummelsburg käme. Da Doris in dieselbe Richtung musste, gingen sie zu zweit weiter. Der Mann war freundlich und gewann schnell ihr Vertrauen. Sie plauderten über dies und das und über jenes. Doris erzählte stolz von ihrer Eins in Russisch. Der Mann lobte sie und streichelte ihr übers Haar. Das fand sie zwar ein bisschen komisch, sagte aber nichts. Sie wusste natürlich, dass sie auf keinen Fall mit einem Fremden mitgehen dürfe; das hatten ihre Eltern oft genug eingepaukt. So oft, dass Doris erst letzte Woche zu ihrem Vater gesagt hatte, das hätte er ihr nun schon hundertmal erzählt. Und übrigens wäre sie kein kleines Kind mehr und auch nicht schwer von Begriff. Aber hier, auf offener Straße und am helllichten Tag, was soll da schon passieren?

Am Bahnhof angekommen, warteten sie auf die nächste S-Bahn in Richtung Wuhlheide. Sie stiegen in den ersten Wagen und setzten sich auf eine der harten, abgeschabten Holzbänke. Er erzählte ihr, dass er ein schlechter Schüler gewesen wäre und später viel nachzuholen gehabt hätte. Sie erzählte von ihrer Oma und dass sie Bahnhof Wuhlheide aussteigen müsse.

»So ein Zufall«, sagte der junge Mann, »da muss ich auch raus.«

Nach zehn Minuten Fahrt hatten sie ihr Ziel erreicht. Gemeinsam liefen sie durch das Wäldchen, eine Abkürzung auf dem Weg zu Omas Wohnung. Während beide durch das knisternde Laub schlurften, war Doris gedanklich schon bei ihrer Erbsensuppe und stolperte über einen herabgefallenen Ast. Gerade noch rechtzeitig streckte der Fremde seine Arme aus und fing sie auf. Eben wollte sich Doris für seine Hilfe bedanken, da packte er zu. Erst brutal an den Schultern, dann presste er eine Hand auf ihre Brust.

»Aua, du tust mir weh«, schrie sie.

Doch der Fremde war plötzlich kein freundlicher junger Mann mehr. Er hielt ihr den Mund zu und schleifte sie ins Gebüsch. Er drohte ihr mit Schlägen, falls sie sich wehren sollte.

»Und wenn du schreist, mach ich dich tot«, flüsterte er mit einer Stimme, von der Doris Gänsehaut bekam.

Dann würgte er sie und hielt ihr anschließend die Spitze eines Küchenmessers an den Hals. Total verängstigt ließ sich die Schülerin ohne Gegenwehr sexuell missbrauchen. Seine Hände waren überall. Unter ihrem Pullover, in ihrer Hose, an ihrem Po. Beim Betasten ihrer kleinen Brüste fing er an zu stöhnen. Danach musste sie ihn oral befriedigen. Anschließend packte er ihren Kopf und drückte Doris auf die Knie. Er befal ihr, sich auf den Boden zu legen und so lange liegen zu bleiben, bis er wiederkäme. Ihre Nasenspitze berührte den schlammigen Boden und sie roch den Moder und das verfaulte Holz. Ihr wurde übel. Aber Doris gehorchte. Sie spürte die Nässe und Kälte, die sich langsam durch Hose und Pullover saugte. Sie wagte nicht einmal mehr, ihre Augen zu öffnen.

Es vergingen mehrere Minuten, die Doris wie Stunden vorkamen. Doch der Mann kam nicht zurück. Irgendwann fand sie die Kraft, die Augen aufzumachen und sich aufzusetzen. Er war nicht zu sehen. Aber war er wirklich weg oder beobachtete er sie aus einem Gebüsch heraus? Nach ein paar weiteren Minuten nahm Doris allen Mut zusammen, stand auf und rannte und rannte und rannte. Vorbei an gefällten Bäumen, sterbenden Birken und grünen Tannen. Äste schlugen ihr ins Gesicht, sie stolperte, stand auf und rannte weiter.

Erschöpft kam sie bei Oma Gisela an und fiel ihr schluchzend in die Arme. Oma fragte nicht lange, sondern rief sofort Tochter und Schwiegersohn an. Dann kochte sie einen Kakao. Eine eiserne Reserve, die sie für den Geburtstag ihrer Enkelin aufgehoben hatte. Doch die wollte jetzt weder den Kakao trinken noch die Erbsensuppe essen. Regungslos saß die Elfjährige auf dem Sofa und weinte.

Die Mutter des Mädchens hatte sich nach dem Anruf sofort bei ihrem Meister abgemeldet, sich in ihren Trabi gesetzt und war zu Oma gefahren. Von hier aus brachte sie ihre Tochter direkt ins Oskar-Ziethen-Krankenhaus nach Lichtenberg. Die Ärztin dokumentierte Unterleibsverletzungen, Würgemale und zahlreiche blauangelaufene Druckstellen an Bauch und Gesäß. Noch immer hatte Doris nicht alles erzählt. Ihre Mutter wusste nur, dass sie sexuell missbraucht worden war. Doch die Einzelheiten kannte sie nicht. Ihre Tochter stand noch unter Schock, und jedes Mal, wenn die Tür aufging und eine Krankenschwester das Zimmer betrat, zuckte das Mädchen zusammen.

Nach der Untersuchung rief die Ärztin die Polizei. Der diensthabende Kriminalbeamte in Lichtenberg setzte sich telefonisch mit der Kripo Köpenick in Verbindung, in deren Zuständigkeitsbereich das Waldgebiet gehörte. Aber wo genau war das Verbrechen geschehen? Behutsam versuchte eine Kriminalbeamtin mehr von Doris zu erfahren. Doch das traumatisierte Mädchen sah die Beamtin nur mit großen Augen an und schwieg. Daraufhin vereinbarten Polizei und die Mutter, abzuwarten und am nächsten Tag gemeinsam mit Doris das Waldgelände abzusuchen.

Doris erlebte eine furchtbare Nacht. Eine von vielen weiteren, die in den nächsten Monaten noch folgen sollten. Sie schlug im Schlaf um sich, weinte und schrie. Schließlich schlüpfte sie unter die Decke im elterlichen Ehebett. Erst hier wurde Doris ruhiger und schlief in den Armen ihrer Mutter ein.

Die Spur erst am nächsten Tag zu verfolgen, war eine unglückliche Entscheidung. Sie wurde aus Rücksicht auf das Opfer getroffen und war menschlich auch richtig. Doch in der Nacht von Mittwoch zu Donnerstag zog ein Unwetter über Berlin hinweg und Regenmassen machten den Wald zu einem Tatort ohne Spuren. Es schüttete wie aus Eimern, der Sturm hatte Äste von den Bäumen gefegt und wie Mikadostäbchen durch die Luft gewirbelt. Innerhalb weniger Stunden hatte sich der Wald optisch so verändert, dass er kaum wiederzuerkennen war. Der Leiter der Spurensicherung, ein gemütlicher Kollege, kurz vor der Berentung, hatte seine Gummistiefel zu Hause vergessen, fluchte und verwünschte das Scheißwetter.

Doris hatte sich inzwischen etwas erholt und schilderte das Verbrechen in allen Einzelheiten. Vom Ansprechen auf der Straße über die S-Bahn-Fahrt, die Gespräche bis hin zur brutalen Vergewaltigung. Ihre Mutter war bei der Befragung stets dabei, nahm ihre Tochter zwischendurch immer wieder tröstend in die Arme und streichelte ihre Hände. Dass sie fast ebenso unter dem Verbrechen litt wie ihr Kind, versuchte sie vor ihrer Tochter zu verbergen. Das Mädchen konnte den Täter ziemlich genau beschreiben. Wobei sie zwischendurch immer wieder weinte und Pausen brauchte. Das Gespräch führte dieselbe Beamtin, die auch einen Tag zuvor im Krankenhaus mit ihr geredet hatte. Sie war einfühlend, stellte behutsame Fragen und ließ Doris zum Antworten alle Zeit der Welt. Auf vielen Seminaren hatte sie den Umgang mit traumatisierten Opfern gelernt. Das Mädchen tat ihr leid, und sie dachte an ihre eigene Tochter, der glücklicherweise ein solches Erlebnis erspart geblieben war. Zum Abschluss wurde nach Doris' Angaben im Präsidium ein subjektives Porträt (Phantombild) des Täters gezeichnet und als Fahndungsfoto an alle Dienststellen geschickt.

Die Kripo hatte zwar alles Mögliche getan, trotzdem gab es in den nächsten Tagen keine brauchbaren Hinweise. Die

Ermittlungen gerieten ins Stocken.

Fünf Tage später. Montag, 15. Oktober 1984. Ein Schock für alle. Der Unbekannte hatte erneut zugeschlagen. Tatort: Stadtpark Lichtenberg. Eine Grünanlage im alten Ortskern, zwischen Scheffel- und Möllendorffstraße. 53 000 Quadratmeter zum Erholen, Laufen und mit einer Freilichtbühne für

Phantombild des Täters Reiner S.

kulturelle Angebote ausgestattet. Auf dem aus Trümmern aufgeschütteten Helenenhügel wird im Winter gerodelt, im Sommer trifft man auf den Wiesen sonnenhungrige Frauen und Männer, die nahtlos braun werden wollen. Doch an diesem kühlen Herbsttag, an dem die Wolken tiefer hingen als sonst und Nebel über die Wiesen schwebte, waren nur wenige Spaziergänger unterwegs.

Die neunjährige Karola aus Karlshorst schlenderte die laubbedeckten Wege entlang. Es war Mittag und sie hatte mit ihrer Klasse einen Ausflug gemacht. Naturkundeunterricht im Freien. Frau Stelzer hatte den Kindern etwas über die Entstehung des Parks erzählt. Dass General Wichard von Möllendorff im Jahr 1798 ein Teil des Geländes vom Dorf Lichtenberg kaufte und sich darauf ein schlossartiges Landhaus baute. Er legte einen Gutspark mit botanischem Garten an und Mitte des 19. Jahrhunderts gründete der Fabrikant Claudius dort seine Wachstuchfabrik. Die Gemeinde Lichtenberg kaufte 1907 das gesamte Grundstück für 811.700 Mark und baute ein Rathaus im neugotischen Klinkerstil daran.

So richtig begeistert waren die Kinder vom Vortrag ihrer Lehrerin allerdings nicht. Wer interessiert sich in diesem Alter schon für Wachstücher und Neugotik? Um kurz nach zwölf hatte die Lehrerin den Unterricht in der freien Natur beendet. Die Schüler durften nach Hause gehen. Karola wollte noch ein bisschen durch den Park laufen und nach Herbstblättern suchen. Karolas Mutter arbeitete am Fahrkartenschalter der Deutschen Reichsbahn am Ostbahnhof und hatte erst um 13.30 Uhr Feierabend. Karola hatte also noch eine gute Stunde Zeit zum Bummeln. Sie war ein verträumtes Kind, las viel, zeichnete gern Tiere und zweimal in der Woche ging sie zu den Jungen Pionieren. Jetzt sammelte sie bunte Blätter, die sie später in ihr Tagebuch kleben wollte. Zwei Kladden hatte sie bereits mit ihren Gedanken vollgeschrieben. Gedanken, von denen nicht einmal ihre beste Freundin wusste. Und auf jede zweite Seite klebte sie ein getrocknetes Blatt.

Hinter ihr raschelte das Laub. Sie hörte Schritte. Ein junger Mann überholte sie, blieb stehen und schenkte ihr ein besonders farbenfrohes Exemplar. Sie freute sich, bedankte sich artig. Der Fremde fragte nach einer Straße. Das übliche Spiel des Täters begann und endete wie in den Fällen zuvor. Der Fremde lobte das Mädchen, streichelte ihr über den Kopf und wurde von einer zur anderen Sekunde brutal. Er zog Karola hinter ein dichtes Gebüsch, würgte sie und bedrohte sie mit einem Messer. Dann öffnete er ihre Hose, schob eine Hand hinein und streichelte mit der anderen die kleinen Brüste. Anschließend missbrauchte er die Schülerin sexuell. Danach verschwand er und ließ Karola weinend und verstört hinter dem Busch liegen.

Doch der Zufall wollte es, dass das Mädchen den Täter bereits am Morgen, als sie auf dem Weg zum Naturkundeunterricht war, auf dem S-Bahnhof Karlshorst gesehen hatte. Durch diesen Hinweis wurden die Einzeltaten einem überörtlichen Serientäter zugeordnet. Jetzt waren sie ein Fall für das 1979 gegründete Dezernat X. Eine Sonderkommission, die es in der ehemaligen DDR nur in Ostberlin gab.

Im September 1984 hatte ich das Sonderdezernat als Dezernatsleiter im Polizeipräsidium am Alexanderplatz übernommen. Zu diesem Zeitpunkt war ich Kriminalrat (damals Dienstgrad: Major). Unsere Aufgabe war es, schwere Einzeltaten wie Banküberfälle, spektakuläre Einbrüche, Brandstiftungen, Falschmünzerei und Kunstraube aufzuklären. Aber vor allem die Ermittlung von Serientätern aller Straftatenkategorien, wie Sexualdelikte, Wohnungseinbrüche, Raub, Betrügereien. Taten, die in der Regel gesellschaftsgefährlich waren und Unruhe in der Bevölkerung hervorriefen.

Das Dezernat bestand aus einem Leiter, einer Schreibkraft und fünfzehn bis achtzehn Kriminalisten. Ausschließlich Offiziere mit entsprechendem Fachschul- oder Hochschulabschluss. Jeder von ihnen hatte eine Spezialaufgabe. Es waren Ermittler, Vernehmer, Tatortspezialisten und Auswerter, ich setzte meine Mitarbeiter jedes Mal entsprechend ihren Fähigkeiten ein. Eine hervorragende Möglichkeit, effektiv Verbrechen aufzuklären. Damit hatten wir eine Sonderstellung und auf Anweisung des Polizeipräsidenten auch die Unterstützung aller Polizeibereiche in Berlin-Ost.

Für jede Häufung überregionaler Verbrechen wurde ein

sogenannter Brennpunkt eröffnet. Eine Zusammenfassung aller Fälle, die wir demselben Täter zuordnen konnten. Jeder Brennpunkt bekam einen Codenamen. Der aktuelle Fall hieß »Suche«. Passend zur immer identischen Vorgehensweise des Täters beim Ansprechen der Kinder.

Für die Bearbeitung setzte ich Hauptmann Helmut H. als Untersuchungsführer, Oberleutnant Peter H. und Leutnant Jürgen L. als Ermittler sowie Manfred D. als Auswerter ein. Helmut H. war ein erfahrener, erfolgreicher und umsichtiger Kriminalist. Peter H. mutig und engagiert, Jürgen L. jung, tatkräftig, intelligent und schließlich Manfred D., ein älterer und bestens mit der Auswertung und Analyse von Straftaten vertrauter Kollege. Ich war mir sicher, dass dieser Brennpunkt sich in besten Händen befand. Schon als Fußballer bei der Sportgemeinschaft Dynamo Hohenschönhausen hatte ich gelernt, dass Alleinkämpfer meist nur halb so viel erreichen wie ein gut eingespieltes Team. Und das waren wir. Sonst hätten wir kaum eine hundertprozentige Aufklärungsquote gehabt. Außerdem wusste ich, dass ich, falls erforderlich, die Einsatzgruppe noch durch andere Kräfte des Dezernates verstärken konnte. Dazu hätte ich sie allerdings von anderen Brennpunkten abziehen müssen. Und dies schien mir am Anfang nicht notwendig. Denn zu Beginn der Ermittlungen »Suche« hatten wir sechs weitere Brennpunkte in Bearbeitung. Serieneinbrüche in Betriebe, Wohnungen, zwei Trickbetrügereien und zwei Brandstiftungen. Also beschloss ich, die ersten Ergebnisse abzuwarten und dann weiterzusehen, wie ich meinen Mitarbeitern erklärte.

Als wir uns zum ersten Mal ausführlich mit diesen Fällen beschäftigten, saßen wir wie immer im Besprechungsraum des Präsidiums. Großer Tisch, gekalkte Wände, unbequeme

Stühle. Gemütlich ist anders. Wir hatten drei ausgewertete Fälle und zwei weitere ähnliche Vorgänge aus anderen Stadtbezirken zusammengefasst. Eigentlich wäre mal Ausruhen und Überstundenabbummeln angesagt gewesen. Seit Wochen hatten wir uns nämlich mit den Taten eines Halbirren beschäftigt, der nachts maskiert in Wohnungen alleinstehender Frauen eingestiegen war, sie mit dem Messer bedroht und vergewaltigt hatte. Vor ein paar Tagen hatten wir ihn geschnappt. Jetzt saß er gut verriegelt hinter Gittern und konnte darüber nachdenken, was er den Frauen angetan hatte. Jede von ihnen war traumatisiert und brauchte psychologische Hilfe.

Nach der Aufklärung des Falles hatten wir alle im Stillen gehofft, ein paar ruhige Tage zu haben. Den lange versprochenen Theaterbesuch mit Frau oder Freundin einzulösen oder sich abends ins Bett zu legen und sicher zu sein, nicht mitten in der Nacht zu einem neuen Verbrechen gerufen zu werden. Wünsche kann man haben. Aber als Kriminalist gehen sie selten in Erfüllung. Viel eher gab es mal Kritik und Druck vom Genossen Oberst, dem unsere Arbeit nicht schnell genug voranging. Trotz allem liebten meine Kollegen und ich unseren Beruf. Auch wenn wir manchmal fluchten.

Ich kam als Letzter in die Runde, ein ärgerliches Telefonat mit der Staatssicherheit hatte mich aufgehalten. Wir hatten ein Zimmermädchen aus dem Hotel *Stadt Berlin* am Alex wegen Schmuck-, Geld- und Kreditkartendiebstahls festgenommen. Eine kurzer Anruf vom Geheimdienst, und wir mussten die Ermittlungen einstellen und an das Untersuchungsorgan des MfS übergeben. Nun war klar, sie arbeitete für das MfS. Es herrschte der Kalte Krieg und vielleicht spionierte sie Westpolitiker und Wirtschaftsbosse aus. Vornehmlich im Doppelbett der zahlungskräftigen Gäste. Solche Situationen waren uns gleichgültig, es war nicht unser Aufgabengebiet. Als ich den Raum betrat, hatte ich also nicht gerade die beste Laune, und als man mein Gesicht sah, herrschte schlagartig Stille. Doch meine Kollegen kannten mich und wussten, dass meine Laune nichts mit ihnen zu tun hatte. Außerdem waren sie gespannt auf das, was ich ihnen mitzuteilen hatte. Zwei kurze Sätze zu unserem Zimmermädchen. Kopfschütteln von allen Seiten, damit war der Fall abgehakt und wir begannen mit dem Brennpunkt »Suche«.

Auf dem Tisch lagen zwei halbvolle Packungen Halloren-Kugeln, Böhme-Pfefferminz-Creme-Schokolade und zwei Kannen mit Mokka-Fix, den wir alle Erichs Krönung nannten. Hin und wieder fiel auch der Spruch: »Trinkt Papa morgens Mokka-Fix, tut er abends der Mama nix.« Nachdem ich mich ans gegenüberliegende Fenster gesetzt hatte, kam ich gleich zum Thema und sprach die wichtigsten Fragen aus: »Was ist der Täter für ein Mann? Wie tickt er? Was hat er als Nächstes vor? Was ist sein Motiv?«

Wir werteten die uns bisher bekannten Taten aus und zerlegten sie wie üblich in immer kleinere Sequenzen. Das eindeutige Ergebnis: Alle fünf Taten waren von ein und demselben Mann begangen worden. Auch die Personenbeschreibungen ähnelten sich und wichen nur in Details voneinander ab. Der Modus Operandi, also die Begehungsweise, war in allen Fällen gleich. Der Täter war rücksichtslos und ging mit äußerster Brutalität vor. Die Opfer waren immer weibliche Kinder und die Kontaktaufnahme gleich: Das Ansprechen der Schülerinnen mit der Frage nach einer Straße oder Örtlichkeit im Stadtbezirk.

Was dann kam, hieß Routine. Die gründliche Auswertung der Anzeigen und das nochmalige Aufsuchen der einzelnen Tatorte. Gemeinsam mit meinen Kollegen ging ich den Spuren der Verbrechen nach. Wir sahen uns die Örtlichkeiten an, an denen die Mädchen angesprochen worden waren. Dann gingen wir direkt zu den Tatorten, an denen sie gequält und sexuell missbraucht worden waren. In der Praxis hatte es sich häufig gezeigt, dass der persönliche Eindruck neue Erkenntnisse bringt. Die Umgebung, die Geräusche, aber auch das Licht und die Gerüche spielen unter Umständen eine große Rolle. Bisher hatten wir ja nur die Akten gelesen. Nun fingen wir an, praxisnah zu arbeiten.

Wichtig war, dass wir die Tatorte alle gemeinsam abliefen. Während der Begehung wurde wenig gesprochen. Es ging ausschließlich um die Eindrücke jedes Einzelnen. Alle machten sich Notizen von dem, was sie sahen und was ihnen dabei in den Sinn kam. Nach eineinhalb Tagen trafen wir uns erneut im Konferenzraum. Es war sechzehn Uhr und wir gingen alle Einzelheiten zum zweiten Mal durch. Nichts ist schlimmer, als hinterher zu bemerken, dass etwas vergessen oder nicht genügend beachtet worden war.

Diesmal war ich als Erster da. Na ja, keine große Leistung. Schließlich war mein Büro nur ein Zimmer weiter. Jeder, der in den Konferenzraum kam, brachte etwas mit. Der eine Erichs Krönung, stark aufgebrüht, jemand anderes die Tassen, den Zucker, die Milch oder eine Tafel Rotstern Vollmilchschokolade. Nur ich war mit leeren Händen gekommen, nahm mir aber vor, es beim nächsten Treffen wiedergutzumachen. Die Tatortbegehungen hatten keine neuen Erkenntnisse gebracht. Also fingen wir noch einmal von vorn an. Wir bildeten zu jeder Untersuchungsfrage Versionen. Zum Beispiel: »Warum dieser Tatort? Warum dieser Opfertyp? Warum diese Tatzeit?« Seit einigen Jahren gab es dafür psychologisch ausgebildete Kriminalisten (Profiler).

Es ging also um das Erstellen eines Täterprofils. Wir wussten, dass es ein junger Mann war, schlankes Gesicht, weit auseinanderstehende Augen, Haare bis zu den Schultern und schmale Lippen. Zwei Mädchen hatten ausgesagt, seine zusammengekniffenen Lippen hätten irgendwie nicht zu seinem anfangs sehr freundlichen Wesen gepasst.

Helmut riss die Tafel Vollmilchschokolade auf und schob sich ein kleines Stück in den Mund. Ich schmunzelte. Er hatte, solange ich ihn kannte, Probleme mit seinem Gewicht. Auch Manfred grinste und schaute zu ihm hinüber, dann dozierte er weiter.

»Ja, Leute. Irgendwie ist der Wurm drin. Wir wissen eine Menge über den Täter, nun brauchen wir ihn nur zu fassen.« Er war mit seinen Ausführungen fertig.

Alle hatten mitgeschrieben. Danach war es für einen Moment still im Raum. Als ich aus dem Fenster schaute, fing es gerade an zu regnen.

»Dem Täterprofil nach zu urteilen, könnte es sich um eine achtzehn- bis fünfundzwanzigjährige, männliche, einschlägig vorbestrafte Person handeln, die eine Beziehung zu den Tatorten hat. Entweder er wohnt oder er arbeitet dort«, fasste Helmut die Fakten noch einmal zusammen.

Nach knapp einer Stunde, Erichs Krönung war inzwischen kalt und die Süßigkeiten alle vernascht, waren wir fertig. Jeder ging nun an die ihm zugeteilte Arbeit. Ich verabschiedete mich von den Kollegen, denn ich wollte allein sein und nachdenken. Ich stellte mich ans Fenster und sah auf die Straße hinaus. Es regnete jetzt stärker, und mir fiel ein, dass ich keinen Schirm mitgenommen hatte. Meine Frau hatte mich heute Morgen noch daran erinnert, dass es im Laufe des Tages regnen sollte. »Die Wetterfrösche sind doch blind und taub«, hatte ich erwidert und war ohne Schirm losgezogen. Ich schaute den Autos nach, die beim Überholen dem nachfolgenden Wagen die Frontscheibe besudelten. Ich hörte ihr wütendes Hupen, setzte mich an meinen Schreibtisch und dachte nach. Zumindest sah es für Unbeteiligte so aus. Nach zehn Minuten Chaos im Kopf beschloss ich, nach Hause zu fahren.

Als ich das Präsidium verließ, schüttete es wie verrückt. *Berndt,* dachte ich, *du hättest besser auf Gabi hören sollen.* Ich leistete mir ein Taxi. Gabi wartete schon und wir gönnten uns nach langer Zeit mal wieder einen gemütlichen Fernsehabend.

Am nächsten Morgen war ich kurz nach sieben im Präsidium. Eine Menge Arbeit wartete auf uns alle. Die Version, dass es sich um einen vorbestraften Sexualtäter handeln könnte, brachte uns gehörig ins Schwitzen. Gemeinsam mit dem Dezernat VI, Straftatenregistrierung bekannter und unbekannter Täter, mussten wir stapelweise Akten und Registrierunterlagen durchforsten. Eine Beschäftigung, die nicht eben Freude schuf. Doch wir waren Profis genug, um zu wissen, dass gerade diese Vorarbeit uns unter Umständen zum Täter führen könnte. Das Abarbeiten vieler Kleinigkeiten bringt oft den großen Erfolg. Innerhalb von wenigen Tagen kamen wir durch eigene Recherchen und durch Zuarbeiten anderer Dienststellen auf circa dreißig Personen, die überprüft werden mussten. Wir ahnten, die Zahl der Verdächtigen würde täglich ansteigen. So waren wir natürlich auf die Hilfe der örtlichen Kriminalpolizei in den einzelnen

Stadtbezirken angewiesen. Aus diesem Grund erarbeiteten wir einen Fragenkatalog für die nachgeordneten Dienststellen. Wir waren uns ziemlich sicher, dass der Täter bald in unsere Netze geraten würde.

Berlin-Friedrichshain, Ostkreuz. Montag, 29. Oktober

Mitten in unserer Ermittlungs- und Analysephase geschah eine neue Tat, die wir von Anfang an unserem Täter zuordneten. Es war Ende Oktober. Die letzten Herbstsonnenstrahlen bereiteten den meisten Berlinern gute Laune. Rentner saßen auf Parkbänken, Kinder johlten und kreischten auf Straßen und Wiesen herum. Mütter saßen auf den Spielplätzen und strickten Kinderhandschuhe und Schals für den kommenden Winter.

Die elfjährige Juliane besuchte ihre Schulfreundin, die mit Husten, Schnupfen und Fieber im Bett lag, und brachte ihr die Schulaufgaben des Tages vorbei. Juliane war ein vorsichtiges Mädchen und übergab das Heft gleich an der Wohnungstür der Mutter. Sie wollte sich nicht anstecken. Aber sie hatte ihrer Freundin einen lieben Brief geschrieben und ganz viele Herzchen draufgemalt. Vom Flur aus wünschte sie ihr gute Besserung und verschwand.

So richtig glücklich war sie über den kurzen Besuch nicht. Vielleicht hätte sie doch ins Kinderzimmer ihrer Freundin gehen und ein wenig bleiben sollen. Während sie noch mit sich haderte, sprach sie in der Nähe des S-Bahnhofs Ostkreuz ein Unbekannter an. Jung war er und freundlich. Er lächelte und fragte nach dem Weg zum Bahnhof Treptow. Da Juliane den gleichen Weg hatte, gingen sie gemeinsam weiter. Er passte sich Julianes kleinen Schritten an und fragte nach ihrem Namen. Er selber hieße Norbert, diesen blöden Namen habe er seinen Eltern nie verziehen. Die meisten würden Norbi zu ihm sagen. Juliane lachte und verriet ihm, dass ihre Freundinnen sie Jule nennen.

Als sie auf der Straße parallel zu den S-Bahnschienen liefen, wäre er plötzlich schneller gegangen und hätte unruhig gewirkt, erzählte Juliane später der Polizei. Sie hätte sich allerdings nichts dabei gedacht. Plötzlich stoppte er, packte sie und zog sie durch ein Gebüsch von der Straße weg. Sie wollte schreien, aber er presste eine Hand auf ihren Mund, während er die andere zwischen ihre Schenkel schob. Als sich Jule wehrte und um sich schlug, drohte er ihr, sie umzubringen. Dann hielt er ihr ein Messer an den Hals und schob sie in Richtung Schienen. Sie hatte Angst und hörte auf, nach ihm zu treten.

Der Mann drängte das Mädchen in einen Abstellraum der Deutschen Reichsbahn. Hier war es dunkel, kalt und stinkig. Der Wind pfiff durch die kaputten Fenster und Türen. Überall lagen Papiertücher und Glassplitter herum. Jule zitterte. Aus Angst und vor Kälte gleichermaßen. Während die S-Bahn nur wenige Meter an ihnen vorbeifuhr, missbrauchte er die Elfjährige. Obwohl sich das Mädchen nicht mehr wehrte, würgte er sie fast bis in die Ohnmacht. Danach hielt er ihr noch einmal sein Messer an den Hals und lachte. Genau wie die anderen Mädchen sagte Juliane später aus, sie habe das Gefühl gehabt, er hätte Freude am Quälen und an ihrer Angst gehabt. Dann musste sie sich in eine verdreckte Ecke setzen und sollte sich nicht mehr rühren, bis er wiederkäme. Sie wusste nicht, wie lange sie in dem Häuschen gewartet hatte. Sie habe versucht, sich abzulenken, indem sie die vorbeifahrenden Züge zählen wollte. Doch sie sei völlig durcheinander gewesen und ihre Gedanken waren immer wieder zu dem Mann abgeschweift. Irgendwann habe sie sich jedoch aufgerafft und wäre losgelaufen. Dass ihr dabei die Äste ins Gesicht schlugen, merkte sie nicht. Nur schnell weg von hier …

Hatten wir gehofft, durch die neue Tat neue Erkenntnisse zu bekommen, wurden wir schnell eines Besseren belehrt.

Tatort S-Bahnhof Ostkreuz

Die Spurensuche und die Auswertung des neuen Tatortes lieferten mehr als bescheidene Ergebnisse. Keine biologischen Spuren (Sperma, Sekret, Blut). Nur eine Teilschuhabdruckspur im Abstellraum, von der wir nicht wussten, ob sie überhaupt vom Täter stammte. Eine sehr unsichere Spur. Obwohl draußen immer noch die Sonne schien, war unsere Laune auf den Nullpunkt gesunken. Keiner sprach es aus, aber alle dachten das gleiche: *Dieser Scheißkerl …*

So begann der Monat November. Meine Hauptaufgabe, die Kriminalisten ständig zu motivieren, erfüllte ich konsequent. Auch wenn das eigentlich gar nicht nötig war. Bei dieser Art von Verbrechen hörte jedes Verständnis auf. Alle waren hochmotiviert und keiner guckte auf die Uhr. Einige hatten Kinder im selben Alter, und die Angst, es hätte auch sie treffen können, sah ich ihren Gesichtern an. Kinobesuche fielen aus, Theaterkarten blieben ungenutzt und so manch eine Ehefrau oder Freundin lag schon im Tiefschlaf, bevor der Mann nach Hause kam.

Dann ein Hoffnungsschimmer. Von der Straftatenregistrierung und der Kripo seines Wohnortes wurde uns ein Mann als Verdächtiger genannt: Volker T. aus Prenzlauer Berg, vorbestraft, einundzwanzig Jahre alt. Er war mit ähnlichen Vorfällen schon mehrmals aufgefallen. Allerdings gab es keine konkreten Verdachtsmomente im Fall »Suche«. Wir luden ihn vor, er erschien nicht. Das machte ihn verdächtig. Aber mehr auch nicht. Oberleutnant Peter H. und Leutnant Jürgen L. erhielten von mir den Auftrag, ihn aus seiner Wohnung abzuholen. Doch die Kollegen kamen ohne ihn zurück. Der Verdächtige war wie vom Erdboden verschwunden. Seit zehn Tagen war er weder von Hausbewohnern noch von Arbeitskollegen gesehen worden. Schließlich wurde Volker T. von Peter H. und Jürgen L. in den Abendstunden in einer HO-Gaststätte seines Wohngebietes angetroffen und dem Dezernat zugeführt. Der Tipp war vom Gaststättenpersonal gekommen. Damals nicht ungewöhnlich, in der Gastronomie unterstützte man uns sehr häufig bei der Ermittlungsarbeit. Davon versprachen sie sich, dass die Polizei hin und wieder mal ein Auge zudrückte beim Überschreiten der Öffnungszeit oder bei akuter Ruhestörung.

»Was wollt ihr von mir, ich habe nichts getan. Das ist doch bloß wieder reine Schikane. Das bin ich von euch doch schon lange gewohnt«, maulte Volker T. gleich zu Anfang der ersten Vernehmung. Seine Stimme war eine Tonlage zu schrill, um für mich glaubhaft zu klingen. Der Umgang mit der Polizei war ihm allerdings wegen anderer Delikte bestens vertraut. Es war ihm anzumerken, dass die düstere Atmosphäre und die Ungewissheit, was wir von ihm wollten, ihm Angst machten. Das riesige Gebäude, die langen Flure und das Vernehmungszimmer mit den kahlen Wänden und dem nebelgrauen Fußbodenbelag, der wie bedruckte Dachpappe aussah, strahlte wenig Gemütlichkeit aus. Zwei Kollegen saßen ihm gegenüber, zwischen ihnen stand der Tisch mit dem Aufnahmegerät. In der Luft hing immer noch der Schweißgeruch der letzten Vernehmung.

Es war nicht zu übersehen, Volker T. fühlte sich nicht wohl. Sein Blick war meistens nach unten gerichtet, er versuchte den Augenkontakt mit den Beamten zu vermeiden. Aus der Sicht des mehrfach vorbestraften Volker T. handelte es sich um eine bedrohliche Situation. Für die beiden erfahrenen Vernehmer sagten Mimik und Gestik des Verdächtigen mehr aus als die Antworten auf ihre Fragen. »Wo waren Sie am … Was haben Sie da gemacht … Warum waren Sie nicht arbeiten …?« Die Fragen prasselten wie ein Regenguss auf ihn ein.

Volker T. schloss die Augen, als wollte er sich konzentrieren. Seine Fingerspitzen trommelten auf der Tischplatte. Auf seinen Handrücken bildeten sich kleine Schweißperlen.

Unser Verdacht gegen ihn verstärkte sich durch sein Verhalten. Seine Alibis waren nicht glaubwürdig und stellten sich wenig später als falsch heraus.

Nach knapp zwei Stunden war er zwar mürbe, stritt jedoch die Vergewaltigungen ab. Der Erkennungsdienst fotografierte den jungen Mann und Hauptmann Manfred D. und Oberleutnant Peter H. fuhren umgehend zu den Opfern und zeigten ihnen die Bilder. Das Ergebnis war ernüchternd. Zwei Mädchen stellten zwar eine gewisse Ähnlichkeit mit dem Täter fest, sagten aber auch, er wäre es nicht gewesen. Die anderen Mädchen erkannten den Verdächtigen auf den Fotos gar nicht wieder. Doch das war für uns noch lange kein Grund, die Ermittlungen gegen ihn einzustellen.

»Der hat jede Menge Dreck am Stecken. Das sehe ich ihm an der Nasenspitze an. So nervös wie der ist, werden wir ihm mit Sicherheit ein paar andere krumme Dinger nachweisen können«, meinte Manfred D., zog eine zerknitterte Packung Club aus der Jackentasche und zündete sich eine an.

Wir gaben ihm recht. Noch am selben Tag ermittelten wir, wo sich Volker T. an zwei der Tatzeiten tatsächlich aufgehalten hatte. Außerhalb Berlins, weit entfernt von den Vergewaltigungsorten, hatte er gemeinsam mit einem Kumpel einen Rentner überfallen und ein Motorrad gestohlen. Definitiv kam er als Brennpunkttäter »Suche« nicht infrage. Aber wegen der beiden Verbrechen, die er am nächsten Tag auch zugab, wanderte er in U-Haft. Erschwerend kam noch hinzu, dass er gegen seine Bewährungsauflagen verstoßen hatte und seiner Arbeitsstelle unentschuldigt ferngeblieben war. Ich fragte mich, weshalb es Menschen gibt, die aus ihren Fehlern niemals lernen. Nach der Verbüßung seiner vorigen Taten hätte er die Möglichkeit gehabt, sich zu bessern und ein ordentliches Leben zu beginnen. Er hatte seine Chance nicht genutzt.

So klärten wir im Rahmen der Brennpunktermittlungen erfolgreich zwei Straftaten auf, kamen aber der Festnahme des Sexualtäters kein Stück näher. Die Aufklärung von Nebenstraftaten aller denkbaren Delikte war übrigens häufig ein Abfallprodukt unserer Ermittlungen. Sehr zum Gefallen der jeweils örtlichen Kriminalpolizei. Und es motivierte natürlich auch mich und meine Kollegen.

19. November 1984. Der entscheidende Täterhinweis

Mitte November 1984 überschlugen sich die Ereignisse. Nach erfolgsloser Überprüfung zahlreicher bekannter Sexualtäter hatten wir kurz hintereinander zwei neue Straftaten in Sachen »Suche« zu bearbeiten. Wir waren noch nicht einmal mit der Erstellung und Auswertung der erforderlichen Dokumente für den ersten Fall im Stadtbezirk Lichtenberg fertig, da wurde uns schon das zweite Verbrechen auf den Tisch gepackt. Diesmal war der Tatort ein Abrisshaus in Prenzlauer Berg. In beiden Fällen waren die Opfer Schulmädchen. Zehn und zwölf Jahre alt. Täterbeschreibung und Taktik waren wieder gleich. Ansprechen und die Suche nach einer Straße. Eindeutige Wiedererkennungskriterien.

Ich erinnere mich noch genau, als wäre gestern gewesen. Peter und ich saßen in der Kantine und aßen Thüringer Rostbrätl. Peter legte mitten beim Essen Messer und Gabel aus der Hand und meinte:

»Irgendwie sind Serientäter doch gut durchschaubar. Sie sind so streng auf ihre Vorgehensweisen fixiert, dass sie die selten ändern. Das einmal vorhandene Muster ist für sie wie ein Ritual, an das sie sich immer halten müssen. Es ist für sie ein Zwang, dem sie nicht entkommen. Es gibt ihnen Sicherheit und Macht.«

Ich nickte, denn mit vollem Mund spricht man nicht. Peter hatte recht. Serientäter sind Gewohnheitsmenschen. Was ohne große Schwierigkeiten bisher gelungen war, wird meistens fortgesetzt. Doch gerade darin liegt das Problem. Unser Mann änderte zwar seine Taktik nicht, machte aber seinen ersten großen Fehler.

Am Tattag kam das Mädchen, das er in die Ruine geschleppt und dort missbraucht hatte, mit ihrer Mutter ins Polizeipräsidium und gab eine Anzeige auf. Die Kriminalpolizei von Prenzlauer Berg hatte uns richtigerweise bereits verständigt und es entstand kein unnötiger Zeitverlust. Einer meiner Mitarbeiter führte die Vernehmung durch und die diensthabende Gruppe der Kriminalpolizei des Präsidiums übernahm die Arbeit in der Zionskirchstraße. Der Tatort wurde sofort nach Bekanntwerden

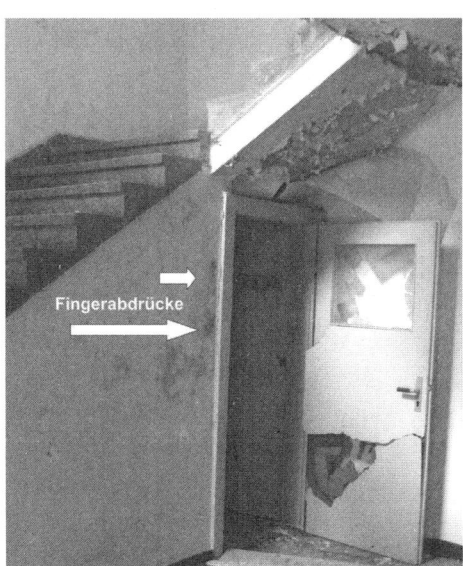

Fingerabdrücke

Das Abrisshaus in der Zionskirchstraße

des Verbrechens von einer Funkwagenstreife der Inspektion Prenzlauer Berg gesichert, so dass keine Spuren von Fremden vernichtet werden konnten.

Im Abrisshaus wurden am unmittelbaren Tatort einige Fingerabdrücke gesichert. Direkt an der Wand neben dem Türrahmen. Wie sich später herausstellen würde, waren sie weder vom Täter noch vom Opfer. Bei der Tatortbesichtigung wurde ich wütend, denn die Vorstellung, dass die Zwölfjährige in diesem Drecksloch ihre Unschuld durch eine Gewalttat verloren hatte, bereitete mir verdammte Bauchschmerzen. Auch Kriminalbeamte sind nur Menschen. Doch es ist für die Ermittlungen wenig förderlich, wenn zu viele Emotionen dabei eine Rolle spielen. Zu schnell kann man sich von ihnen leiten lassen und nicht mehr in alle Richtungen ermitteln.

Wir hatten uns schon damit abgefunden, dass uns auch dieser Fall nicht weiterbringen würde, als Mutter und Tochter noch einmal ins Präsidium kamen. Sie waren schon zu Hause gewesen, als der Tochter eingefallen war, dass der Täter ihr einen Zettel in die Hand gedrückt hatte. Die Mutter entschuldigte sich für ihr Kind, weil sie den Zettel nicht gleich erwähnt hatte. Die Aufregung, meinte sie mit Tränen in den Augen, die Aufregung und die Angst hätten die Kleine völlig verwirrt. Auf dem Zettel war mit Kugelschreiber ein Straßenname geschrieben: »Teutoburger Platz«. Die darauf erfolgte zweite Befragung des Mädchens ergab, dass der Täter sie nach dem Teutoburger Platz gefragt hatte und ihr den Zettel gab. Nach der Tat hatte er den Zettel dann vergessen. Das Mädchen steckte ihn in ihre Jackentasche und erst später fiel er ihr wieder ein.

Wir schöpften neue Hoffnung. Sollte diese banale Sache

unsere Ermittlungen voranbringen? Aber war es überhaupt der Täter, der den Zettel geschrieben hatte oder war es eine völlig andere Person gewesen? Und hatte der Teutoburger Platz in der Nähe des U-Bahnhofs Se-

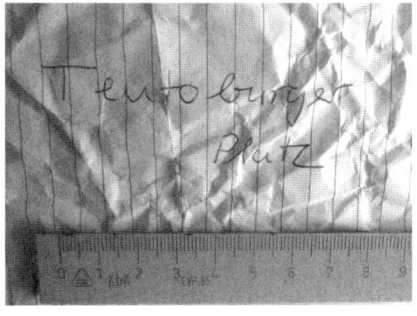

Handgeschriebener Zettel des Täters

nefelder Platz eine Bedeutung für den Vergewaltiger? Eine Menge Fragen, die geklärt werden mussten. Wir waren zwar nicht übertrieben optimistisch, doch das Bauchgefühl, über das viele erfolgreiche Kriminalisten verfügen, sagte uns, der Zettel könnte den Durchbruch bringen.

Um keine Zeit zu verlieren, telefonierte ich nicht lange herum, sondern ging mit dem Zettel persönlich zu der Schriftsachverständigen des Präsidiums. Frau Hauptmann Dr. Salomon war die Beste auf diesem Gebiet. Sie war eine Frau, mit der man reden konnte. Keine, die nur stur ihren Dienst machte und um siebzehn Uhr den Griffel fallen ließ. Ich setzte mein Sonntagslächeln auf und klopfte an ihre Tür.

Mit einer Leuchtlupe in der Hand saß sie über einem Schriftstück gebeugt und schaute mich über den Rand ihrer Brille hinweg an. Nachdem ich ihr alles erklärt und sie den Zettel eingehend betrachtet hatte, nickte sie mehrmals mit dem Kopf. Was so viel bedeutete wie die Schrift auf dem Zettel sei für einen beweiskräftigen Schriftenvergleich geeignet. Mein Sonntagslächeln wurde zum Weihnachtslächeln und ich drückte der Frau Hauptmann huldvoll die Hände. Sie schaute mich zwar verblüfft an, war aber über meine Reaktion sichtlich erfreut. Diese Art von Anerkennung bekam sie wahrscheinlich eher selten.

Im Schnellschritt lief ich in mein Büro zurück. Ehe ich die Tür öffnen konnte, legte mir Peter eine Hand auf die Schulter und fragte, ob ich etwas Neues im Gepäck hätte. Ich erzählte ihm, was die Schriftsachverständige gesagt hatte und war gespannt auf seine Reaktion. Er verdrehte die Augen und meinte in seiner trockenen Art:

»Nun brauchen wir ja nur noch einen Tatverdächtigen, von dem wir eine Schreibprobe nehmen können.«

Doch das Kriminalistenglück kam uns zu Hilfe. Dem Tüchtigen gehört die Welt! Eine Weisheit meiner Großmutter. Und so war es auch.

Einen Tag später erschien im Dezernat eine Frau mit ihrem zwölfjährigen Sohn Torsten. Ein aufgeweckter Junge. Er war ein Klassenkamerad des Mädchens vom Tatort Zionskirchstraße. Zufällig hatte er zur Tatzeit seine Schulkameradin in der Nähe des U-Bahnhofs Senefelder Platz mit einem fremden Mann gesehen. Als er von dem Verbrechen erfuhr, erzählte er es seiner Mutter, die umgehend mit ihm zum Polizeipräsidium kam. Der Junge glaubte nämlich, heute Mittag denselben Mann in einem S-Bahnwagen wiedererkannt zu haben. Das hörte sich erst einmal recht gut an. Aber bei dem Gedanken, dass es Zehntausende S-Bahn-Fahrer gab, die infrage kämen, dämpfte sich unsere Euphorie gewaltig.

Doch dann wurde der Junge konkreter. Er war der Meinung, diesen Mann schon öfter in der S-Bahn gesehen zu haben. Und zwar auf der Strecke Ostkreuz–Wuhlheide. Immer wenn er dem jungen Mann begegnet war, saß der zusammen mit anderen Männern im ersten Wagen, und alle trugen verschmutzte Arbeitsbekleidung. Waren wir vor ein paar Minuten noch skeptisch gewesen, so schoss die Zuversicht augenblicklich wieder an die Decke. Die Schlussfolgerung, dass es sich, vorausgesetzt der Junge hatte sich nicht geirrt, um einen Bautrupp der Deutschen Reichsbahn handelte, lag auf der Hand. Jetzt waren wir uns sicher. Wir standen kurz vor der Aufklärung unserer Brennpunktserie. Und das brachte bei allen noch einen gehörigen Adrenalinschub. Die sofortigen Ermittlungen von Hauptmann Helmut H. und Leutnant Jürgen L. ergaben, dass tatsächlich mehrere Gleisbaubrigaden seit Monaten im Bereich Wuhlheide tätig waren.

In Absprache mit der Schriftsachverständigen begannen wir umgehend mit der Überprüfung der Gleisbauarbeiter. Zunächst baten wir die Kaderabteilung (Personalabteilung) der Deutschen Reichsbahn, alle vorbestraften Mitarbeiter aufzulisten. Wir überprüften dann im Detail, weshalb diese Personen vorbestraft waren. Insbesondere die Kollegen, die wegen Sexualdelikten in Erscheinung getreten waren und mit unserer Täterhypothese annähernd übereinstimmten. Eine zeitaufwendige Aufgabe, denn die Deutsche Reichsbahn hatte damals insgesamt 220 000 Beschäftigte, davon mussten etwa 400 technische Arbeiter auf eventuelle Vorstrafen überprüft werden. Natürlich interessierten uns hierbei besonders die im Außendienst tätigen Gleisbauarbeiter.

Nach Erfassung dieses Personenkreises begann Frau Dr. Salomon mit Hilfe eines zweiten Gutachters, die Personalakten nach handschriftlichen Aufzeichnungen der Mitarbeiter zu überprüfen. Akte für Akte. Schriftstück für Schriftstück. Ich stellte mich auf mindestens eine Woche Suche ein. Um die beiden zu motivieren, kaufte ich ihnen täglich ein Stück Apfelkuchen und brachte heißen Kaffee.

In der akuten Ermittlungsphase kam ich oft erst nach Hause, wenn meine Frau schon schlief. Meistens hatte sie mir das Essen vorbereitet, so dass ich mir entweder die Kartoffelsuppe nur noch warm machen musste oder mir eine Schmalzstulle schmierte. Das späte Essen bekam meinem Magen zwar nicht, aber wenn ich tagsüber nicht zum Essen kam, ging es schließlich nicht anders. Als kleines Dankeschön an Gabi hatte ich zwei Karten für das Deutsche Theater besorgt. Am 22. November wurde *Der zerbrochene Krug* gespielt und wir waren kurz vor dreiundzwanzig Uhr wieder zu Hause. Es war ein wundervoller Abend gewesen, den wir noch bei einem Glas Wein ausklingen lassen wollten. Doch kaum hatten wir uns hingesetzt, klingelte das Telefon.

»Hier Dr. Salomon. Ich konnte den Schriftverursacher identifizieren. Bin todmüde und fahre jetzt nach Hause. Morgen bekommen Sie das schriftliche Gutachten. Gute Nacht.«

Zackig, kurz und knapp wie immer. Vorsichtig legte ich den Hörer auf die Gabel. So vorsichtig, als befürchtete ich, mich verhört zu haben. Gleich darauf klingelte das Telefon noch einmal und Frau Dr. Salomon nannte mir den Namen des Mannes und seine Wohnanschrift. Das gemütliche Glas Wein musste warten. Sofort ließ ich die Angaben vom Bereitschaftsdienst überprüfen. Nach erfolgter Bestätigung der Informationen ordnete ich umgehend die Festnahme des Verdächtigen an.

Reiner S., dreiundzwanzig Jahre alt, wohnhaft in Berlin-Lichtenberg, Gleyeweg … war bereits wegen Vergewaltigung eines Kindes verurteilt und im Mai 1984 aus der Haft entlassen worden. Um sechs Uhr früh klopften meine Kollegen an seiner Wohnungstür und nahmen ihn vorläufig fest. Die Verhaftung verlief ohne Schwierigkeiten. Zwei neugierige alte Damen klatschten in die Hände und erklärten, ohne zu wissen, weshalb er abgeführt wurde, er wäre schon immer ein Lump gewesen und gehöre ins Zuchthaus.

Reiner S. selbst schien nicht sonderlich überrascht von seiner Festnahme. Es sah fast so aus, als hätte er damit gerechnet oder sogar darauf gehofft. Das hat man oft bei Triebtätern, weil sie dann endlich Ruhe vor ihrem eigenen Trieb haben. Ob es bei Reiner S. auch so war, kann ich nicht beurteilen. Bei den Vernehmungen zeigte er sich jedenfalls sehr kooperativ. Er war geständig und erklärte sich auch zu den einzelnen Tatortbesichtigungen bereit. Er wusste, dass er verloren hatte, und versuchte nun durch Bereitwilligkeit seine Lage zu verbessern. Das Abfahren von Tatorten war bei uns Routine. Es erwies sich als die beste Möglichkeit, die Angaben eines Täters auf Glaubwürdigkeit zu überprüfen. Ein Kollege fotografierte die Tatortbesichtigungen, ein anderer machte Tonaufnahmen von den Aussagen des Verdächtigen.

»Wir haben ihn endlich«, sagte Peter später im Polizeipräsidium.

Alle Beteiligten waren erleichtert. Es gab Lob und Anerkennung. Endlich konnten wir uns wieder auf andere ungeklärten Brennpunkte konzentrieren.

Reiner S. hatte uns während der Besichtigungen der Tatorte noch eine weitere Tat gestanden. Er war offensichtlich erleichtert, dass alles zu Ende war. Auch wenn er für Jahre ins Gefängnis wanderte. Er gestand, im obersten Stockwerk eines Hochhauses in der Kienbergstraße in Berlin-Marzahn ein Mädchen so lange gewürgt zu haben, bis es tot zusammensackte. Das habe er aber nicht gewollt.

»Das müssen Sie mir glauben«, jammerte er. In Panik habe er das Haus verlassen und tagelang nicht schlafen können. Noch heute habe er wegen der Tötung des Mädchens Alpträume und würde am liebsten alles ungeschehen machen.

Wir überprüften sein Geständnis und ermittelten: Das Mädchen aus der Kienbergstraße war nicht tot. Nach kurzer Bewusstlosigkeit war sie von Mietern des Hauses gefunden und sofort in ein Krankenhaus gebracht worden. Dort erholte sich die Elfjährige ziemlich schnell. Ihre Eltern zeigten den Sachverhalt zwar an, doch konkrete Hinweise waren aus der Sicht der örtlichen Polizei nicht erkennbar. Es konnte nicht geklärt werden, was im Hochhaus wirklich vorgefallen war. Das Mädchen erlitt eine retrograde Amnesie, was so viel bedeutet wie: »sofort einsetzende Bewusstlosigkeit und Erinnerungsunvermögen an Vorgänge, die sich in der Zeit vor Eintritt der Bewusstseinsstörung ereignet haben«, wie es in dem bekannten Lehrbuch *Gerichtliche Medizin* von Gerhard Dietz, damals Oberarzt am Institut für Gerichtliche Medizin der Humboldt-Universität zu Berlin, aus dem Jahr 1970 hieß.

Als wir an diesem Tag Feierabend machten, lud ich alle beteiligten Kollegen auf ein Bier ein. Natürlich blieb es nicht bei einem Bier. Schließlich hatten wir einen gemeinsamen Erfolg zu feiern.

Als ich zehn Jahre später an einem Tag im Juli 1994 den Fall Revue passieren lasse, weil ich das Foto von Reiner S. in der Zeitung entdecke, ist für mich eines besonders interessant: Der Täter ist wieder rückfällig geworden, hat wieder in den gleichen Tatortbereichen wie 1984 gehandelt. Allerdings sind die Opfer diesmal erwachsene Prostituierte. Wer kann und will die Psyche solcher Täter wirklich verstehen?

33jähriger Sexualtäter erneut festgenommen

Verdächtiger soll fünf Prostituierte vergewaltigt haben

Der wegen Sexualverbrechen bereits zweimal vorbestrafte Bauarbeiter ▇▇▇▇▇▇▇▇ (33) aus Friedrichshain befindet sich seit gestern erneut in Haft.

Er steht unter dem dringenden Verdacht, seit März 1993 fünf Prostituierte in Berlin vergewaltigt zu haben. Die letzte Tat ereignete sich am 12. Juni. In allen Fällen gab der Mann vor, die Frauen in seine Wohnung mitnehmen zu wollen. Ziel war aber jedesmal ein S-Bahn-Gelände in Friedrichshain, wo er die Prostituierten fesselte, bis zu Bewußtlosigkeit würgte und vergewaltigte.

Schießer war bereits zweimal zu mehrjährigen Haftstrafen verurteilt und in einer psychiatrischen Abteilung behandelt worden. Später wurden mit dem psychisch Kranken ambulante Gespräche geführt. Ärzte bescheinigten ihm daraufhin, daß sich sein Gesundheitszustand verbessert habe. Mit der Auflage, sich wöchentlich einmal bei einer Gesprächstherapie zu melden, war er entlassen worden. Im Juni erschien er nicht

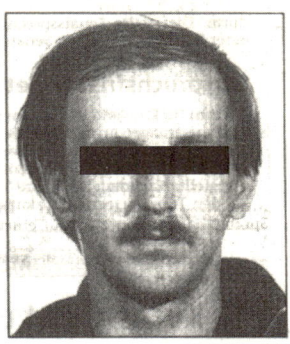

Wer kann Hinweise zu ▇▇▇▇▇ Ber geben?   Foto: Polizei

zur Therapie, die Polizei löste die Fahndung aus. Möglicherweise hat der Täter noch weitere Frauen sexuell belästigt. Hinweise an die Fachdienststelle für Sexualdelikte, Rufnummer 24 37 21 09 und jede andere Polizei-Dienststelle.   **heh**

Die Kriminalstatistik zeigt, dass die Opfer sexuellen Missbrauchs zu zweiundneunzig Prozent im Alter von sechs bis vierzehn Jahren sind. Die meisten der Täter sind dem Kind bekannt. Es sind Nachbarn, der Onkel, andere Verwandte oder sogar der eigene Vater. Man vermutet allerdings, dass nur jeder zwanzigste Missbrauch bekannt wird. Nach wissenschaftlichen Erkenntnissen sind aber nur diejenigen Täter als pädophil einzustufen, die mindestens ein halbes Jahr lang ihre sexuelle Befriedigung ausschließlich bei Kindern suchen. Das war bei dem Brennpunktfall »Suche« im

Jahr 1984 auch so. Doch Jahre später wendet sich der Mann plötzlich erwachsenen Frauen zu. Woher kommt ein solcher Wandel? Und war es überhaupt ein Wandel?

Einer, der von Berufs wegen mit Vergewaltigern, Kinderschändern und Pädophilen zu tun hat, ist der Psychiater und Gerichtsgutachter Dr. habil. Werner Platz aus Berlin: »Täter, die sich sexuell an Kindern vergreifen, sind in den meisten Fällen nicht pädophil. Achtzig Prozent der Missbraucher sind regressive Täter, deren sexuelles Verlangen eigentlich auf Erwachsene ausgerichtet ist. Doch aus Angst vor erwachsenen und eigenständigen Frauen ziehen sie zur Lustbefriedigung Kinder vor. In Fachkreisen werden sie als Ersatzobjekttäter bezeichnet. Daher ist es auch nicht ungewöhnlich, dass diese Männer später eventuell auf Prostituierte umschwenken. Sie sind leicht anzusprechen, gehen freiwillig mit und sind deshalb Freiwild für die Täter.«

Die meisten Vergewaltiger sind männlich. Weibliche Täter gibt es wenig und sie handeln selten allein, sondern meist mit einem Mann gemeinsam. Einige aus freiwilligen Motiven heraus, andere weil sie dazu gezwungen werden.

Wie der 2018 vor Gericht verhandelte Fall einer Mutter, die gemeinsam mit ihrem Lebensgefährten den eigenen Sohn mehrmals vergewaltigte. Er schrie, er weinte, er war hilflos. Doch beide machten ohne Mitleid weiter. Die Anklageschrift liest sich wie das Drehbuch eines Horrorfilms. Der achtjährige Junge wurde im Darknet, wie der anonyme Teil des Internets heißt, gegen Geld fremden Männern für Sexspiele und Vergewaltigungen angeboten. Die Missbrauchstaten wurden gefilmt und verkauft. Das Freiburger Landgericht schickte die Horrormutter wegen Vergewaltigung, sexuellen Missbrauchs und Zwangsprostitution ihres Sohnes für zwölfeinhalb Jahre ins Gefängnis. Ihr neununddreißigjähriger vorbestrafter Lebensgefährte wurde für zwölf Jahre mit anschließender Sicherungsverwahrung hinter Schloss und Riegel geschickt.

Jeder bekannt gewordene Missbrauchsfall bringt Unruhe in die Gesellschaft. Eltern haben Angst um ihre Kinder, lassen sie nicht mehr unbeaufsichtigt auf den Spielplatz und bringen ihre Kleinen zur Schule oder in den Kindergarten. Einige fordern höhere Strafen, andere sogar die Todesstrafe. An den Stammtischen heißt es oft auch: Schwanz und Rübe ab. Viele Kinder schweigen aus Angst, weil der Täter der eigene Vater, der Stiefvater oder ein guter »Onkel« aus der Familie oder Nachbarschaft ist. Viele Mütter schweigen oder stecken ihren Kopf in den Sand, weil ihr Partner der Missbraucher ist, oder weil sie ihrem Kind nicht glauben wollen. Sexueller Missbrauch an Kindern ist ein Thema voller dunkler Punkte, über das die meisten nicht sprechen wollen und auch nicht ausreichend informiert sind. Doch es sind nicht nur immer Einzeltäter, die hilflose Kinder zum Sex zwingen. Immer mehr Banden haben ein Geschäftsmodell entwickelt, in dem Kinder die Ware sind.

»Jeder von uns kennt einen Täter«, sagt Julia von Weiler, die Geschäftsführerin der deutschen Sektion von »Innocence in Danger«, einer weltweiten Bewegung gegen den sexuellen Missbrauch von Kindern. Die Psychologin berichtet von einem Mädchen, das ins Milieu der Organisierten Kriminalität hineingeboren wurde und schon als Baby sexuell missbraucht wurde. »Man hatte sie wie in eine Art Lesezirkel verliehen.«

Auch der Bundesbeauftragte für Fragen des sexuellen Kindesmissbrauchs Johannes-Wilhelm Rörig warnt in einem

Zeitungsinterview vor kriminellen Strukturen. »Wir sprechen hier über organisierte Kriminalität. Das geht bis hin zu schwerster Folter an Kindern und Jugendlichen. Es werden sogar Kinder vor der Kamera umgebracht. Und wir mussten leider auch lernen, dass Menschenhändler in Tschechien für 4.000 Euro Babys von Prostituierten kaufen können. Diese unregistrierten Kinder laufen vollkommen unterhalb des Radarschirms der Kinder- und Jugendhilfe. Niemand hat sie je gesehen. Sie werden einzig zum Zweck der sexuellen Ausbeutung großgezogen. Sowohl die Zahlen der Weltgesundheitsorganisation als auch eine von uns in Auftrag gegebene Häufigkeitsstudie kommen zu dem gleichen Ergebnis. Wir haben jedes Jahr 60 000 bis 100 000 Fälle. Auf achtzehn Jahrgänge hochgerechnet müssen wir davon ausgehen, dass eine Million betroffener Kinder in Deutschland leben.«

Der Falschmünzer von Prenzlauer Berg

<u>Berlin-Prenzlauer Berg, Frühjahr 1980. Ein Altbau, Hinterhaus</u>

Kurt T. war ein ruhiger, fast schüchterner Mann. Vierunddreißig Jahre alt, Haare bis zu den Schultern, selten ein Lächeln im Gesicht. So kannten ihn alle. Mit kariertem Sakko, weißem Hemd und Pullover wirkte er fast wie ein Gentleman. Doch in seinem Kopf drehte das Chaos seine Runden. Sein Leben war nicht immer rund gelaufen. Seine Eltern waren mehr mit sich selbst beschäftigt gewesen als mit dem kleinen Jungen in den kurzen Hosen. Sie überließen seine Erziehung der Straße. In der Schule war er, sagen wir mal, nicht eben die hellste Kerze auf der Torte. Ob er nicht konnte oder nicht wollte, wusste er selbst nicht genau. In der achten Klasse war er hängengeblieben, die neunte schaffte er eben mal so. Schließlich verließ er die Schule mit einem mäßigen Abschluss. Das Zeugnis entsorgte er im nächsten Papierkorb. Er glaubte nicht, es jemals wieder zu brauchen. Einen Beruf erlernte er nicht. Er wusste einfach nicht welchen. Wozu lange überlegen, wenn er seinen Lebensunterhalt auch mit Gelegenheitsarbeiten verdienen konnte? Manches Mal pflegte er die Gärten alter Leute, die körperlich zu schwach dafür waren. Oder er räumte das Lager eines Konsums auf oder putzte HO-Gaststätten. Meist jedoch arbeitete er auf dem Bau, bediente den Presslufthammer oder schleppte Steine. Er verdiente nicht schlecht dabei. Das war alles, was zählte.
Kurt war aber kein Mensch, der es irgendwo lange aushielt.

Mal war ihm die Arbeit zu schwer, ein andermal die Kollegen zu blöd oder der Ton seines Vorgesetzten passte ihm nicht. So wechselte er häufig die Arbeitsstelle. Er war eben ein Mann der schnellen Entschlüsse. Mit Geld umgehen, hatte er nie gelernt. Linke Tasche rein, rechte wieder raus. Große Gedanken machte er sich darüber selten.

Seinen Verdienst setzte er oft in Alkohol um. Mit Vorliebe in Berliner Pilsner und Nordhäuser Doppelkorn. In Kneipen fühlte er sich wohler als in seiner Einraumwohnung in der Schönhauser Allee. Wenn er dort aus dem Fenster sah, schaute er direkt auf eine ungeputzte Wand und auf die zwei Fenster eines jungen Ehepaares. Was das Pärchen dort trieb, war das, was ihm fehlte. Geborgenheit, Liebe, Sex und echte Freundschaft. In der Kneipe fand er Freunde, die ein ähnliches Schicksal hatten und das gleiche wie er vermissten. Man spielte Skat, würfelte und soff. Mal verlor er, mal gewann er, mal hatte er ein Blackout. Es wurde geprahlt und die wildesten Frauengeschichten machten die Runde. Jeder war ein kleiner Casanova und ein großer Held. Im Laufe der Zeit wurden die Kneipengänge häufiger, bis sein Geld meist schon alle war, bevor die Woche zu Ende ging. Er lernte zweifelhafte Kumpel kennen, hing mit ihnen rum, und gemeinsam gingen sie hin und wieder auf Diebestour. Sein größter Wunsch war es, dazugehören.

In einer warmen Sommernacht glaubte er nun endlich sein Glück gefunden zu haben. Sie war klein und zierlich, hatte lustige Sommersprossen auf der Nase und hieß Rosi. Wenn sie ihn anlachte, strahlten ihre Augen und Kurts Herz machte Freudensprünge. Auch sie war allein. Ohne Familie und ohne Freund. Der war ihr vor zwei Monaten mit einer anderen davongelaufen. In Kurts Armen fand sie Trost und Verständnis. Von nun an sah man die beiden nur noch zu zweit. Alle dachten, dass das Paar glücklich wäre. Sie selbst auch. Doch nach ein paar Monaten kam es zum ersten Streit. Er wollte zu seinen Kumpeln an den Tresen, sie zu Hause bleiben und kuscheln. Erst schrie er, dann schrie sie. Zum Schluss schmiss er wütend die Tür zu und war weg. Von nun an gab es öfter mehr Meinungsverschiedenheiten als Zuneigungen. Ein paar Mal riefen die Nachbarn sogar die Polizei. Kurt und Rosi stritten so heftig und lautstark, dass man das Schlimmste befürchtete. Doch sie schafften es immer wieder, sich zusammenzuraufen.

Ihre anfängliche Liebe war auch nicht ohne Folgen geblieben. Rosis Bäuchlein wurde von Woche zu Woche runder. Sie selbst immer launischer. In den letzten Wochen der Schwangerschaft redeten sie kaum noch miteinander und gingen sich aus dem Weg. Kurz nach der Entbindung war dann endgültig Schluss. Sie trennten sich. Rosi und das Baby zogen aus und fanden im Wohnzimmer ihrer Mutter ein neues Zuhause.

Für das Kind zahlte er jeden Monat pünktlich Unterhalt. War Kurt knapp bei Kasse, lieh er sich das Geld von irgendwelchen Kumpeln, ließ sich von seinem Arbeitgeber einen Vorschuss geben oder ging auf Diebestour. Er war wegen einiger Eigentumsdelikte und einer leichten Körperverletzung vorbestraft. Immer nur kleine Fische, nie ein großes Ding, wie es hieß. Um es in der Kriminalistensprache auszudrücken: Ein »schwerer Junge« war er nicht. Mit seinen Alimenten jedoch blieb er nie im Rückstand. Trotz mehrmaliger Aufenthalte im Gefängnis war der Unterhalt für seinen jedoch Sohn Ehrensache.

Bierwerbung an einer Kneipe im Ostberliner Stadtteil Prenzlauer Berg

Berlin-Prenzlauer Berg, eine HO-Gaststätte in der Greifswalder Straße

Es war kurz vor Mitternacht. Kellner Bernd S. hatte die Tür der Gaststätte bereits abgeschlossen und machte Kasse. Er lächelte. Heute war wieder ein guter Tag gewesen. Bier und Schnaps liefen wie geschmiert und das Trinkgeld war auch nicht schlecht. Schon sein Vater hatte immer gesagt: Getrunken und gegessen wird immer.

Er wischte den Tresen trocken und schmiss den feuchten Lappen in den Abwasch. Danach schüttete er den Inhalt seiner Kellnertasche auf die Theke und sortierte Geldscheine und Münzen. Das Papiergeld nach rechts, das Klimpergeld nach links. Gedanklich war er schon bei seiner neuen Freundin, die ihm für heute Nacht eine Überraschung versprochen hatte.

Eine Zehn-Mark-Münze fiel zu Boden. Bernd stutzte,

hob die Münze auf und ließ sie ein zweites Mal zu Boden fallen. *Komisch,* dachte er, *die hat aber einen merkwürdigen Klang.* Dann zählte er die Einnahmen weiter. Doch der seltsame Klang der Münze ging ihm nicht aus den Ohren. *Vielleicht irre ich mich ja und »höre« Gespenster. Das liegt bestimmt am Tagesstress.* Doch als er mit dem Zählen fertig war und sein Trinkgeld in der linken Hosentasche klimperte, nahm er die Zehn-Mark-Münze noch einmal aus der Kasse. Diesmal betastete er sie gründlich von allen Seiten, hielt sie sogar unter die Lampe und schüttelte den Kopf. Eigentlich ist doch alles in Ordnung, jedenfalls äußerlich, stellte er fest. Nur der Klang, der war ihm fremd, mit dem stimmte etwas nicht.

Wenig später sprach der Kellner den Gaststättenleiter auf diese merkwürdige Münze an und ließ sie in seiner Gegenwart noch einmal fallen. Der Chef kratzte sich am Kopf und war erst einmal ratlos. Doch nach mehrmaligem Werfen der Münze war auch er davon überzeugt, dass mit dem Geldstück etwas faul sei. Um ganz sicherzugehen, holten sie die Kellnerin hinzu, die gerade den Laden verlassen wollte. Nach der »Klangprobe« war auch sie davon überzeugt: Mit der Münze stimmt etwas nicht.

»Na klar, Männa, die Münze ist nich echt, die ist nachjemacht. Dit hör ick doch mit een Ooge«, erklärte sie im breiten Berlinerisch.

Nun fühlten sich die drei wie kleine Detektive und inspizierten die gesamte Kasse noch einmal. Vier Zehn- und zwei Zwanzig-Mark-Stücke waren drin. Die ließen sie nach und nach zu Boden fallen und spitzten die Ohren. Und siehe da: Die Prüfung ergab eine weitere verdächtige Münze. Ein Zwanzig-Mark-Stück klang ebenfalls merkwürdig. Inzwischen war es fast ein Uhr in der Nacht und sie machten Feierabend.

Am nächsten Tag informierte der Gaststättenleiter telefonisch den zuständigen Abschnittsbevollmächtigten (ABV). Unterleutnant Behnke erschien gegen zwölf Uhr im Lokal und ließ sich die Geldmünzen zeigen. Dann setzte er sich an die Theke und holte Stift und Papier aus seiner Tasche. Die Kellnerin servierte ihm einen Kaffee komplett, wobei er Milch und Zucker jedoch gleich wieder zurückgab. Nacheinander befragte er den Kellner, dessen Kollegin und den Gaststättenleiter. Viel kam dabei allerdings nicht heraus. Die drei Angestellten waren zwar redlich bemüht, sich an den Gast zu erinnern, der mit diesen Münzen bezahlt hatte, doch das Ergebnis war gleich Null.

Er notierte sich die Namen der Zeugen. Mehr erfuhr er nicht. Klar war nur, dass mit den Geldmünzen am Vortag bezahlt worden war. Darüber hinaus gab es keine verwertbaren Angaben. Nach einer halben Stunde beendete Unterleutnant Behnke die Befragung und bestellte sich einen weiteren Kaffee. Behnke übernahm gegen Quittung die beiden Geldstücke, die auch er als unecht angesehen hatte, und erklärte dem Personal, dass er die Münzen der Kriminalpolizei übergeben würde.

Zehn-Mark-Münze der DDR. Das Fälschen von DDR-Münzen wurde attraktiv, als die DDR in den 1970er Jahren Sondermünzen zu fünf, zehn und zwanzig Mark herausgab.

Auch die Kripobeamten vom Prenzlauer Berg machten einige Klangproben, jeder Kollege musste hinhören. Danach waren auch sie von der Unechtheit der Geldstücke überzeugt. Der Leiter der Dienststelle wusste aber auch, dass Falschmünzerei nicht ihre Sache war, sondern vom Dezernat X verfolgt wurde. Er schickte einen Streifenwagen mit den Münzen zum Präsidium am Alexanderplatz und informierte die Kollegen vorab telefonisch.

Ich war zu diesem Zeitpunkt Hauptmann und stellvertretender Leiter des Dezernates X. Wir waren nicht nur für Serienverbrechen, sondern auch für Kunst- und Geldfälschungen zuständig. Von meinem Chef, Major Horst Wrobel, erhielt ich den Auftrag, die Münzfälschungen zu bearbeiten und aufzuklären. Ein äußerst seltenes Delikt, wie ich wusste. Aber gerade das machte den Fall so interessant. Außerdem kam er mir noch aus einem anderen Grund nicht ganz ungelegen. Ich war mit dem Ausfüllen von irgendwelchen Statistikbögen beschäftigt. Diese Tätigkeit war nicht mein Metier und ging mir auf die Nerven. Außerdem war ich nicht von dem praktischen Nutzen dieser Arbeit überzeugt. Ich vermutete, dass die Formulare in irgendeinem Kellerarchiv landeten und vor sich hin staubten, bis sie irgendwer einmal wegschmiss. Deshalb kam mir der Auftrag mit den falschen Geldstücken gerade recht. Ich legte die Formulare in die Schreibtischschublade. Und zwar ganz nach unten. Ich nahm mir vor, sie erst wieder hervorzuholen, wenn mich jemand danach fragte.

Als Erstes schickte ich die beiden Münzen zur Untersuchung in unser Speziallabor. Mein Kollege war zwar mit einer Blutanalyse von der Jacke eines Mordopfers beschäftigt, versprach mir aber, sich noch heute darum zu kümmern. Er hielt Wort. Drei Stunden später, ich kam von einer externen Zeugenvernehmung zurück, lag das vorläufige Ergebnis bereits auf meinem Schreibtisch. Zur Herstellung der Münzen wurde eine bleihaltige Legierung verwendet. Aber der konkrete Fälschungsprozess war noch weitgehend unbekannt. Das herauszufinden, würde noch ein paar Tage in Anspruch nehmen. Aber wir hatten auch so genug zu tun und konnten in aller Ruhe auf das genaue Ergebnis warten.

Wir begannen unsere Ermittlungen im näheren Umfeld des Tatortbereichs Prenzlauer Berg, Greifswalder Straße. Wobei natürlich die HO-Gaststätte im Mittelpunkt stand. Wir befragten das gesamte Personal noch einmal. Auch jene, die an die am Tattag keinen Dienst gehabt hatten. Vielleicht war ihnen während ihrer Schichten etwas Außergewöhnliches aufgefallen. Es ist oft so, dass manchen Zeugen erst nach Tagen noch etwas einfällt. Wir vernahmen auch zahlreiche Stammgäste in der Hoffnung, dass sie sich noch an etwas erinnern würden. Doch die Befragungen brachten keinerlei neue Erkenntnisse.

Nun hieß es Treppensteigen und nach Zeugen suchen. Ich hatte das Gefühl, dass die Häuser, die ich abklapperte, besonders hoch waren. Dachdeckerparterre nannten wir das oberste Stockwerk. *Doch jeder Gang macht schlank,* dachte ich, obwohl ich gut in Form war. Zwischendurch gönnten sich meine Kollegen und ich eine Currywurst mit viel roter Soße bei Konnopke an der Schönhauser Allee. Der erste Currywurststand in der Hauptstadt der DDR war nach der Weltzeituhr am Alex einer der beliebtesten Treffpunkte der Stadt. Dort roch es köstlich und ich musste mich schwer zusammenreißen, um mir nicht noch Nachschlag zu holen. Dann ging es weiter treppauf, treppab. In manchen Treppenhäusern roch es nach Essen, in anderen nach abgestandener Luft. Stufen knarrten.

Durch unsere Befragungen im erweiterten Tatortbereich erregten wir eine Menge Aufmerksamkeit. Und genau das war auch unsere Absicht. Denn je mehr Leute von unseren Aktivitäten wussten, desto größer war die Chance, dass sich jemand meldete, der etwas gehört hatte, zum Zeitpunkt unserer Befragung aber nicht zu Hause war. Und unser Plan ging auf. Durch unsere Fragerei aufmerksam geworden, meldeten sich zwei Zeugen, die ebenfalls geschädigt worden waren. Die Inhaberin eines Gemüseladens in der Prenzlauer Allee und der Besitzer einer Eckkneipe in der Metzer Straße. Beide gaben an, dass ihnen vor einigen Tagen bei der Überprüfung ihrer Kassen verdächtige Zehn- und Zwanzig-Mark-Münzen aufgefallen waren. Doch sie waren nicht zur Polizei gegangen, weil sie sich nicht sicher gewesen waren. Wegen unserer Ermittlungen verhärtete sich bei ihnen

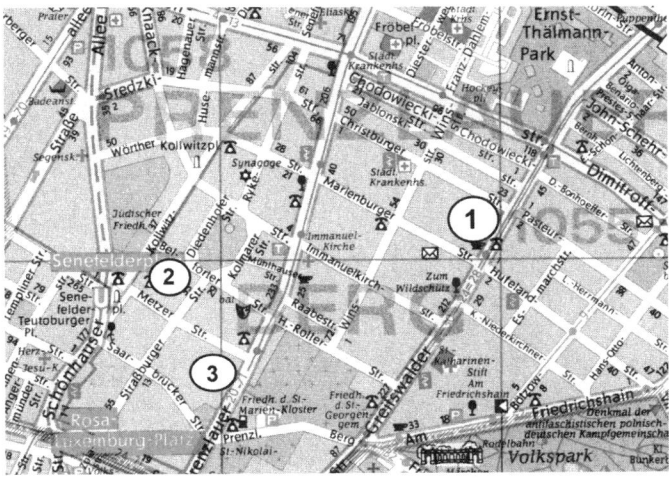

Die Lage der drei Tatorte

allerdings der Verdacht, dass es sich auch um Falschgeld gehandelt haben könnte. Aber keiner der beiden Ladenbesitzer erinnerte sich an den Kunden, von dem das Geld stammte. Unsere einzige Erkenntnis war, dass der Umfang des aufgetauchten Falschgeldes bedeutend größer war, als wir anfangs angenommen hatten. Wir mussten auch davon ausgehen, dass die Münzen häufig nicht als falsch erkannt wurden.

Die Information, dass Falschgeld im Umlauf war, verbreitete sich rasend schnell im gesamten Stadtbereich. Unsere Kollegen auf den Revieren hatten stündlich Anrufe und Besuche von besorgten Bürgern, die wissen wollten, ob ihr Geld echt wäre. Besonders ältere Menschen waren ziemlich verunsichert. Zudem saß uns der Genosse Oberst im Nacken und erwartete schnellste Aufklärung des Falles. Ich fragte mich, ob er wirklich glaubte, dass es auch nur eine einzige Minute schneller voranginge, wenn er uns bedrängte. Mir war ja bewusst, dass er von übergeordneten Dienststellen ebenfalls Druck bekam.

Jedem von uns war klar, die oder der Täter mussten so schnell wie möglich gefasst werden. Unsere einzige Hoffnung war, dass der Umlauf der falschen Münzen sich auf das bisherige Territorium beschränkte.

Mittlerweile waren nach Bekanntwerden der Münzfälschungen drei Tage vergangen und wir hatten noch nicht den leisesten Anhaltspunkt, wer dahintersteckte. Es gab keine Täterhinweise und auch keine neuen Fälschungen. Obwohl wir weiterhin die Läden im immer größeren Umkreis abklapperten, kamen wir keinen Schritt weiter. Wenigstens war das Wetter schön und die ersten Sonnenstrahlen machten das Leben rundherum bunter. Vogelmänner lockten mit ihrem Gesang die Weibchen an und ein paar junge Frauen liefen schon in kurzärmeligen T-Shirts durch die Straßen. Am vierten Tag stellte mir unsere Sekretärin das Gespräch mit einem aufgeregten Mann durch. Es war der Gastwirt der Eckkneipe an der Metzer Straße, der schon zwei Tage vorher befragt worden war. Er erzählte mir in knappen Worten, dass ihm noch etwas eingefallen wäre. Ich schickte Oberleutnant Eberhard B. in die Kneipe zur nochmaligen Befragung des Zeugen.

Als mein Kollege die Kneipe betrat und sich vorstellte, erzählte ihm der Wirt folgende Geschichte:

»Herr Oberleutnant, vielleicht kann ich doch einen Hinweis geben. Vor etwa sieben Tagen hat ein Gast, der ab und zu mal vorbeikommt, großzügig eine Kneipenrunde spendiert. Für jeden Gast einen Schnaps und ein Bier. Ohne jeglichen Anlass. Einfach nur so. Ich kann nicht sagen, ob der Mann mit Münzen bezahlt hat, aber es könnte sein. Er kam allein und sah irgendwie traurig aus. Jedenfalls nicht wie einer, der gerade das große Los im Leben gezogen hat. Er machte mir Komplimente über die Einrichtung meines Ladens, obwohl ich nun wirklich nichts Dolles hier stehen habe. Besonders angetan war er von der Getränkekarte, die über dem Stammtisch in einer alten Portierstafel an der Wand hängt. Ich glaube, er wollte Kontakt mit anderen Gästen aufnehmen und sich mit seiner ›Runde‹ beliebt machen. Jedenfalls setzte er sich mal da und mal dort hin, um sich zu unterhalten. Aber es sah nicht so aus, als hätte er Kontakt knüpfen können. Nach circa einer Stunde verließ er meinen Laden wieder. Seinen vollständigen Namen kenne ich nicht. Ich glaube er hatte sich mit ›Kutte‹ vorgestellt. Wie gesagt, irgendwie kam mir der Typ nicht ganz geheuer vor. Kurz nach-

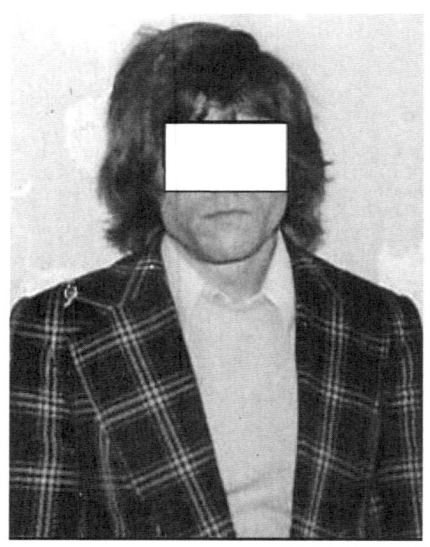

Münzfälscher Kurt T.

dem er ging, stellte ich in der Kasse das falsche Münzgeld fest. Mehr weiß ich nicht.«

Zum Abschluss des Gesprächs versprach der Wirt meinem Kollegen noch, die Stammgäste zu fragen, ob sie mehr über den Mann wüssten. Er würde sich dann sofort noch einmal bei uns melden. Oberleutnant Eberhard B. bedankte sich für die Information und kündigte an, sollte sich der Verdacht erhärten, mit einem Porträtzeichner vorbeizukommen.

Berlin-Prenzlauer Berg, die Fälscherwerkstatt.

Während Berndt Marmulla und seine Kollegen ermittelten, herrschte in Kurts kleiner Küche Hochbetrieb. Der Vierunddreißigjährige hantierte mit Gips und Bleilegierungen an einer offenen Gasflamme herum. Des Geruchs wegen hatte er das Fenster weit geöffnet. Um sich vor den neugierigen Blicken des jungen Pärchens gegenüber zu schützen, hing eine Wolldecke vor dem Fenster. Man konnte ja nie wissen. Er trug Arbeitshandschuhe, eine alte Hose und ein Unterhemd.

Mit nackten Füßen stand er auf dem Linoleumboden, der schon bessere Zeiten erlebt hatte. Mit einem gebogenen Aluminiumlöffel in der rechten Hand goss er Blei in zwei Gipsabdrücke. Er arbeitete vorsichtig, denn erst vor ein paar Tagen hatte er sich an der offenen Flamme den kleinen Finger verbrannt. Der Küchentisch war wegen des entstehenden Drecks mit einer alten Ausgabe der *B. Z. am Abend* abgedeckt. Die Gipsformen ähnelten verblüffend den Geldmünzen, die zur selben Zeit im Polizeilabor überprüft wurden. Kurt T. stellte falsche Münzen her.

Nachdem er festgestellt hatte, dass seine laufenden Kosten höher waren als sein Einkommen, wurde ihm klar, dass etwas passieren müsse. Und dass er diese Differenz durch reelle Arbeit nie würde ausgleichen können. Doch die Erfahrungen mit seinen kleinen Dieбereien wollte er auch nicht wiederholen. Er würde später in den Vernehmungen bei der Kriminalpolizei erklären, dass auch der Reiz des Fälschens eine große Rolle gespielt hatte. Dass er damit nicht Millionär werden konnte, war ihm klar gewesen. Doch das Herumbasteln an den Münzen, die ihm vom Mal zu Mal besser gelangen, befriedigte ihn. Er war stolz auf sein Können.

Angefangen hatte alles mit einem Fernsehfilm über Geldfälscher. Das Thema hatte ihn sofort fasziniert. Er beschaffte sich Literatur für sein neues »Hobby« und fing an zu experimentieren. Er mischte so lange Blei mit diversen anderen Metallen, bis er sich sicher war, die richtige Münzoberfläche kopiert zu haben. Das hatte ihn so manche Nacht um den Schlaf gebracht. Dann stellte er Gipsabdrücke der gängigsten Münzen her. Auch das hatte er sich leichter vorgestellt. Unzählige Formen zerbrachen, andere waren zu unsauber.

Doch Kurt hatte Geduld. Jedenfalls was die Herstellung seiner Münzen betraf. Er konnte sich noch genau an den Moment erinnern, als er die ideale Gipsform vor sich hatte. Statt sie gleich mit seiner Legierung auszugießen, verließ er die Wohnung und genehmigte sich in seiner Eckkneipe erst mal ein Helles und einen doppelten Korn. Vielleicht waren es auch zwei oder drei. So genau wusste er das später nicht mehr. Auf jeden Fall war er zu betrunken, um seine Arbeit fortzuführen. Mit Hose und Hemd legte er sich ins Bett und schlief bis in den Mittag des nächsten Tages hinein. Beim Aufstehen stolperte er über seine Schuhe, die er vor dem Bett abgestellt hatte, und schoss die Dinger mit einem wütenden Tritt durch die Wohnung.

Nachdem sein Kopf wieder halbwegs klar war, setzte er sich an den Küchentisch und betrachtete sein bisheriges Werk. Zufrieden griff er den gebogenen Esslöffel, legte ein Stück Metall drauf und hielt die Legierung über die Gasflamme. Er sah zu, wie sich das Metall langsam verflüssigte, und ließ es in die Gipsform fließen. Nun hieß es warten. Seine Lehrphase hatte insgesamt drei Monate gedauert, nun kam es auf ein paar Stunden mehr auch nicht an. Drei Monate, in denen er nach eigenen Aussagen mindestens vierundvierzig Münzen hergestellt und wieder eingeschmolzen hatte. Mit der fünfundvierzigsten war er endlich zufrieden.

Dann begann der aufregendste Teil seiner Unternehmung. Kurt wollte wissen, ob er damit auch andere überzeugen konnte. Immerhin, so erzählte er später in den Vernehmungen, waren Geschäftsleute schließlich Profis, die täglich Geld in den Händen hielten. Er hatte Angst, sensible

Finger könnten die Fälschung erkennen. Dass der Klang ihn verraten könnte, daran habe er nie gedacht. Mit seinem ersten selbstgemachten Zehner kaufte er in einer Bäckerei drei Schrippen und ein Brot. Er wäre verdammt aufgeregt gewesen, erzählte er. Aber das Gefühl mit Schrippen, Brot und Wechselgeld ungehindert den Laden verlassen zu haben, hätte ihn total befriedigt. Der Gedanke, von nun an mit seinen Zehn- oder Zwanzig-Mark-Münzen in den Kneipen und Gaststätten ausführlich trinken und essen zu können, gefiel ihm. Das war schließlich auch der Hauptgrund für die Fälschungen. Dass er auch noch Gemüse, Brot und Schnaps für zu Hause kaufen konnte, war eher ein angenehmes Zusatzgeschäft. Und, das sagte er gleich in seiner ersten Vernehmung, er konnte Kneipenrunden schmeißen. Er würde im Mittelpunkt stehen und alle hätten ihn gern. Immer öfter redete er davon, wie wichtig es ihm war, von anderen akzeptiert zu werden. Mit jeder Lokalrunde kam Freude bei den Gästen und seinen Kumpeln auf.

Schnell merkte ich, dass wir es hier nicht mit einem großen Gauner zu tun hatten. Vor uns saß ein Mensch, der von Minderwertigkeitsgefühlen beherrscht wurde und der alles tat, damit er irgendwo dazugehörte. Wahrscheinlich gab es auch Momente, in denen er das selbst ahnte, aber nicht wirklich wahrhaben wollte. Das waren die Augenblicke, in denen er feuchte Augen bekam oder sogar zu weinen anfing. Seine Spendierlaune, für ein wenig Zuneigung, und sein leichtsinniger Umgang mit den falschen Münzen wurden ihm schließlich zum Verhängnis.

Er tat mir manchmal sogar leid. Doch er war ein Straftäter, ein Mann, der zum eigenen Vorteil andere betrogen hatte. Und Gefühle sollten bei einer Vernehmung tunlichst keine große Rolle spielen. Von seiner Kindheit redete Kurt T. nie. Aber aus Erfahrung weiß jeder Kripomann, dass diese oft eine große Rolle bei der weiteren Entwicklung eines Menschen spielt. Eine lieblose Kindheit kann die Weichen falsch stellen und herauskommt dann ein Mensch wie Kurt oder schlimmer noch, ein Mörder. Meine Ausführungen sollen nichts entschuldigen oder beschönigen. Ich bin davon überzeugt, dass es bei (fast) jedem Menschen den Moment gibt, an dem er sich entscheiden kann, ehrlich durchs Leben zu gehen oder ein Verbrecher zu werden.

<u>Prenzlauer Berg, HO-Gaststätte Greifswalder Straße. Gegen dreiundzwanzig Uhr</u>

Es herrschte Hochbetrieb. Die Kneipe war voller Gäste und Zigarettenrauch. Jeder Tisch war besetzt, ein paar Unentwegte standen an der Theke und würfelten um die nächste Runde. Ein Pärchen stritt. Sie wollte nach Hause, er wollte bleiben. Ansonsten herrschte gute Stimmung. Alle Gäste waren angeheitert, doch keiner volltrunken und auffällig. Zwei Glühbirnen waren kaputt, Ersatz war zurzeit nicht zu beschaffen. Der Wirt fluchte vor sich, aber nur sehr leise. Die Nörgelei über die DDR-Wirtschaft hob er sich für später auf. Seine Frau war nämlich derselben Meinung. Da konnte er seinen Frust ohne Bedenken loswerden.

Kellner Bernd S. kam gerade vom Klo zurück. Obwohl er kaum etwas getrunken hatte, drückte ihn ständig die Blase. Und er hatte den Toilettengang dazu benutzt, eine Zigarette zu rauchen. Heimlich! Denn seit vier Wochen prahlte er überall damit herum, dass er nicht mehr rauche und wie gut es ihm damit ginge. Die vier Treppen zu seiner Wohnung wären jetzt ein Kinderspiel für ihn. *Aber ab morgen rauche ich wirklich nicht mehr,* hatte er sich nach dem letzten Zug auf dem Klo vorgenommen. Na ja, so richtig überzeugt war er davon aber nicht. Doch gute Vorsätze beruhigen das schlechte Gewissen.

Die vier Gäste am Ecktisch wollten zahlen. *Hoffentlich jeder einzeln,* dachte Bernd, *das gibt mehr Trinkgeld.* Und das konnte er zurzeit gut gebrauchen. Seine Frau und er wollten sich endlich ein Auto kaufen. Über sieben Ecken herum hatten sie das Angebot des Freundes eines Freundes und dessen Freundes bekommen, in vier Monaten einen Trabi zu übernehmen. Da musste jeder Pfennig in die Sparbüchse. Deshalb auch die Idee, mit dem Rauchen aufzuhören. Zwei Mark achtzig Trinkgeld bei den vier Gästen, die eben bezahlt hatten. *Wahrscheinlich ist das ein halber Scheibenwischer,* dachte Bernd. Nun riefen auch die drei Männer am Tisch neben der Eingangstür nach ihm. Es war der zweitunbeliebteste Platz im Lokal. Besonders im Winter. Geht die Tür auf, zieht es. Und irgendwelche Trottel machten die Tür nicht mal hinter sich zu. Dann musste er jedes Mal hin und zudrücken. Bernd grinste. Vielleicht kam jetzt die andere Hälfte des Wischers zusammen. Diesmal bezahlte einer für alle. Mit einer Zwanzig-Mark-Münze! Bernd stutzte, ließ sich aber nichts anmerken und bedankte sich für die vier Mark Trinkgeld.

Gemeinsam mit dem Gaststättenleiter überprüfte er das Geldstück hinter der Theke. *Plang,* der gleiche verdächtige Ton wie bei den falschen Münzen. Die drei Gäste hatten das Lokal noch nicht verlassen, saßen noch am Tisch und schwatzten. Der Wirt brachte drei Helle auf Kosten des Hauses, um das Trio aufzuhalten, während der Kellner die Eins-Eins-Null wählte. Beim Verlassen der Gaststätte wurden die drei Männer von einer Funkwagenbesatzung angehalten und auf die Inspektion Prenzlauer Berg am U-Bahnhof Senefelder Platz gebracht. Der Kriminaldienst der Inspektion kannte die Sachlage und verständigte umgehend das Dezernat X.

Der Zufall wollte es, dass Oberleutnant Eberhard B. und ich Bereitschaftsdienst hatten. Eberhard erzählte mir gerade von seiner letzten Urlaubsreise an die polnische Ostseeküste. Swinemünde hätte ihm sehr gut gefallen und auch seine Frau und die beiden Kinder wären begeistert gewesen. Das Wetter wäre so lala gewesen, aber sie hätten sich trotzdem gut amüsiert. Sogar eine Kutterfahrt hätten sie gemacht und beim Fischfang zugeschaut. Danach hätten er und seine Frau sich die Bäuche mit dem frischen Fisch vollgeschlagen. Den Kindern wäre der Appetit vergangen, nachdem sie die zuckenden Fische gesehen hatten.

»Berndt«, versicherte er mir, »du glaubst gar nicht, wie gut Fisch schmeckt, der eine halbe Stunde zuvor noch in der Ostsee schwamm.«

Gerade als er mir von seiner Strandwanderung berichten wollte, wurden die drei Zecher ins Vernehmungszimmer gebracht.

Bald stand fest: Die beiden Männer, die der Dritte eingeladen hatte, hatten mit dem Falschgeld nichts zu tun. Nach Überprüfung ihrer Personalien verließen sie sichtlich erleichtert unsere Räumlichkeiten. Ich schaute auf die Uhr: Es war eine Stunde nach Mitternacht.

Eberhard und ich einigten uns, dass ich den ersten Vernehmungsteil übernehmen sollte. Als ich den Raum betrat, blickte mich Kurt T. scheinbar ahnungslos an. Doch er war ein miserabler Schauspieler, und außerdem hatten wir inzwischen festgestellt, dass er kein Unschuldslamm war und bereits mehrfach als Straftäter auffällig geworden war.

Als Erstes stellte ich seine Personalien fest und belehrte ihn über seine Rechte. Der großzügige Zechezahler hieß Kurt T., war vierunddreißig Jahre alt und wohnte in Berlin-Prenzlauer Berg. Ich fragte ihn freundlich nach der Herkunft der Münze. Er stützte seine Ellenbogen auf den Holztisch und tat so, als überlege er.

»Ach ja, so weit ich mich erinnere, kann ich die nur irgendwo als Wechselgeld bekommen haben.«

»Wo und was haben Sie eingekauft? Haben Sie mit einem Fünfziger oder einem Hunderter bezahlt?«

»Äh, das weiß ich nicht mehr.« Dann kam eine Weile nichts mehr. Plötzlich fiel ihm ein, die Münze gefunden zu haben.

»Wo? Wann? Gibt es Zeugen?«, bedrängte ich ihn sofort mit Fragen.

Doch damit war er überfordert. Er schwieg. Dann ging ich einen Schritt weiter und sprach die vier weiteren Geldstücke an, die wir in seiner Aktentasche sichergestellt hatten. Etwas ironisch fragte ich, ob er die auch gefunden hätte. Jetzt stotterte er nur und wollte mir weismachen, er habe die Münzen geschenkt bekommen.

Wieder kamen meine Fragen wie ein Maschinengewehrfeuer:

»Wer? Wann? Warum?«

»Ja, da ist jemand gewesen ... dem habe ich einen Gefallen getan. Wer das war, weiß ich nicht mehr. Irgendein Kumpel aus so einer Clique ...«

Nun reichte es mir. Ich hatte genug von seinen Märchen und entschied mich für die sofortige Durchsuchung seiner Wohnung. Gefahr im Verzug. Wir wollten Nägel mit Köpfen machen und uns nicht länger auf der Nase herumtanzen lassen. Ich ließ mir seine Schlüssel geben und fuhr mit Eberhard in die Wohnung des Verdächtigen.

Inzwischen war es drei Uhr nachts und uns begegneten kaum Autos auf den Straßen. Nach gut fünf Minuten parkten wir vor seinem Haus. Während der gesamten Vernehmung und auch im Auto hatte ich nicht geraucht. Jeder Raucher weiß, was das bedeutet. Kaum war ich ausgestiegen, steckte ich mir gleich eine Cabinet an und lehnte mich an die Fahrertür unseres Dienstwartburgs. Ich rauchte und entspannte mich.

»Was glaubst du, werden wir in seiner Wohnung finden?«, fragte Eberhard.

»Entweder noch ein paar Münzen oder dreckige Socken«, antwortete ich.

Vor seiner Wohnungstür angekommen, klingelten wir vorsichtshalber. Es konnte schließlich sein, dass jemand dort wäre. Das erschien uns zwar unwahrscheinlich, doch sicher ist sicher. Als nach mehrmaligem Sturmklingeln alles ruhig

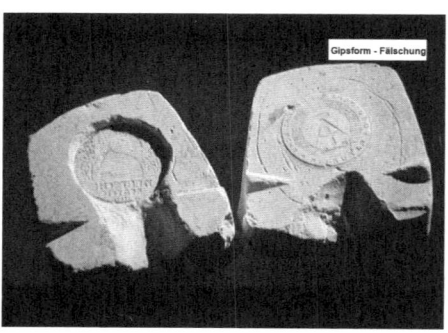

blieb, steckten wir den Schlüssel ins Schloss. Das klemmte und ließ sich nur mit Mühe öffnen. Im Flur roch es muffig, und als Eberhard auf den

Lichtschalter drückte, blieb es dunkel. In der Küche roch es nach Essen und Chemie. Als hier das Licht anging, waren wir überrascht. Vor uns lag eine komplette Fälscherwerkstatt. Unser Mann muss sich sehr sicher gefühlt haben, denn wir fanden alle für eine lückenlose Beweisführung benötigten Utensilien.

Unter anderem insgesamt vierzig fertiggestellte Zehn- und Zwanzig-Mark-Stücke und weiterhin zwölf Ein- und Zwei-Mark-Stücke. Neugierig ließen wir ein paar Münzen zu Boden fallen. Die Münzen mit geringerem Wert waren auch vom Klang her nicht auffällig. Wir beschlagnahmten die Beweismittel und versiegelten die Tür. Im Laufe des Tages würde die Spurensicherung kommen und ihre Arbeit machen. Der Rest der Nacht lief ohne Zwischenfälle ab. Um acht Uhr lag ich im Bett.

Ein- und Zwei-Mark-Stücke der DDR

Am frühen Abend nahm ich mir Kurt T. noch einmal vor und konfrontierte ihn mit unserem Wissen. Die Spurensicherung hatte mir inzwischen die Fotos aus der Tatwohnung auf den Tisch gelegt. Ich breitete die acht Bilder vor Kurt T. aus und schwieg. Keine Frage, keine Anschuldigung, nur Schweigen. Ich sah ihm an, wie sein Hirn rotierte und er nach einer plausiblen Lösung suchte. Er hielt es nicht lange aus und gestand.

Wie wir insgeheim gehofft hatten, war er ein Einzeltäter. Nach seinen Angaben hatte er innerhalb eines Monats im Stadtbezirk Prenzlauer Berg mit circa dreißig Münzen in Kneipen, Lebensmittel- und Gemüseläden sowie in Kaufhallen bezahlt. Bei aller Leichtfertigkeit im Einsatz seiner Fälschungen und seinem Drang, bewundert zu werden, hatte er aber sein Geheimnis bis zuletzt gehütet. Sogar seinen Kumpeln gegenüber war er schweigsam wie ein Grab gewesen. Niemand wusste von seinem Nebenjob in Heimarbeit.

Monate später tauchte immer noch Falschgeld in verschiedenen Stadtbezirken und Geschäften auf. Die Münzen hatten einen weiten Weg zurückgelegt und waren in den großen Geldumlauf geraten.

Kurt T. wurde hart bestraft. Fünfeinhalb Jahre Gefängnis. Bei Geldfälschungen sind die Gerichte weltweit nicht zimperlich.

Zum Schluss noch ein persönliches Erlebnis beim Falschmünzer-Fall.

Beim Lesen des Namens vom Zeugen Bernd S., dem Kellner, stutzte ich im Polizeipräsidium. Der Name war mir bekannt und erinnerte mich an meine Jugendzeit. 1964 war ich mit der Fußball-Jugendmannschaft des Dynamo Hohenschönhausen DDR-Vizemeister geworden. Auch ein Bernd S. hatte damals mitgespielt. Sollte das ein Zufall sein? Nein, war es nicht. Vor fast zwanzig Jahren hatten wir gemeinsam auf den Fußballfeldern gekämpft. Als wir uns bei der Zeugenvernehmung gegenübersaßen, erkannten wir uns sofort wieder. Danach feierten wir unser Wiedersehen in der Kneipe, in der mein früherer Fußballfreund jetzt kellnerte und wo der Fall Kurt T. aufgedeckt worden war.

Exkurs zur Geschichte der Falschmünzerei

Das Fälschen von Münzen hat eine jahrhundertealte Tradition. Ob im Altertum, Mittelalter oder heute. Münzen fälschen war schon immer verlockend. Oftmals durch die Herrschenden selbst befohlen. Von römischen Kaisern über Landesfürsten bis hin zu Friedrich dem Großen, der auf diese Weise seine Kriege finanzierte. Die Strafen waren drastisch. Öffentliches Hängen war üblich, aber auch der Feuertod oder das Eintauchen in siedendes Öl. Wurde jemand beim Bezahlen mit Falschgeld erwischt, hackte man ihm eine Hand ab. Heute bleiben zwar die Hände dran, doch Geldfälscher gehen bis zu fünfzehn Jahre hinter Gitter.

Im Strafgesetzbuch der DDR von 1968/74 stand unter Paragraf 174 geschrieben:

»Fälschung von Geldzeichen. (1) Wer gültige Geldzeichen (Noten oder Münzen) der Währung der Deutschen Demokratischen Republik oder fremder Währungen nachmacht; um sie als echt zu verwenden, wird mit Freiheitsstrafe bis zu fünf Jahren oder mit Verurteilung auf Bewährung bestraft.«

Kaum war die Mark der DDR im Umlauf, wurde sie auch schon gefälscht. Die technischen Voraussetzungen dafür waren allerdings wenig geeignet und das wachsame Auge der Stasi sorgte dafür, dass sich die Herstellung von Blüten in Grenzen hielt.

Ein harmloser Fall des Geldfälschens ereignete sich 1950 in Leipzig. Damals wurde ein Fünfzehnjähriger erwischt, als er mit einem selbstgemalten Hunderter eine Klarinette kaufen wollte. Statt Musik zu machen, musste er vierzehn Tage hinter Gittern und zwanzig Stunden Trümmerdienst ableisten.

Die Satirezeitschrift *Frischer Wind*, die später als *Eulenspiegel* fortgesetzt wurde, druckte im August 1949 einen westdeutschen Zwanzig-Mark-Schein zum Ausschneiden und Zusammenkleben.

Manchmal schossen die Genossen auch übers Ziel hinaus. So verboten sie das Kinderspiel »Der kleine Kaufmann«, obwohl das Spielgeld einen diesbezüglichen Aufdruck hatte und um ein Drittel kleiner war als das Original.

Einem Kunstmaler aus Halle wurde ein Stück Seife zum Verhängnis. Auf komplizierten Wegen hatte er sich Papier und Druckmaschinen besorgt und 10 300 Zwanzig-Mark-Scheine gedruckt. Als er sich nach getaner Arbeit den Schweiß abwaschen wollte und ein Stück Seife mit einem seiner Scheine kaufen ging, wurde er verhaftet und zu zwölf Jahren Zuchthaus verurteilt.

Insgesamt verzeichnete die Staatsbank der DDR bis 1989 12 320 gefälschte Geldscheine im Wert von circa 250.000 Mark und rund 370 Falschmünzen, die 2.500 Ostmark bringen sollten. Der Fall des Falschmünzers von Prenzlauer Berg ist einer davon. Zum Vergleich: In der Bundesrepublik zählte man von 1964 bis 1989 Blüten von sage und schreibe 7,6 Millionen DM.

Immer wieder träumen Kriminelle vom süßen Leben mit Hilfe einer Druckmaschine. Etwa in Caputh im Landkreis Potsdam-Mittelmark. Bei der Suche nach Drogen fand die Polizei 2004 eine komplette Geldfälscherwerkstatt. Zwei Ganoven schliefen neben dem PC und wachten erst beim Klicken der Handschellen auf. Arbeit macht eben müde. Auch wenn sie unredlich ist.

Ungefähr zur selben Zeit hatte sich ein einundfünfzigjähriger Lackierer aus dem Sauerland beim Fälschen nicht viel

Mühe gegeben. Er vertraute mehr auf seinen Charme und flirtete mit den Verkäuferinnen, bis sie ihre Vorsicht vergaßen. So brachte er immerhin 1615 Zweihundert-Euro-Noten unter das Volk.

Die bisher größte Fälscherwerkstatt von Euroscheinen wurde in Süditalien ausgehoben. In einem kleinen Dorf in der Provinz Caserta hatten sich zwei Männer im Alter von siebenundfünfzig und sechzig Jahren auf die Herstellung von Fünfzig-Euro-Scheinen spezialisiert. Der Wert: fünfzig Millionen.

Um Fälschungen zu erkennen und zu verhindern, hat die Deutsche Bundesbank sogar eine eigene Abteilung mit Falschgeldexperten. Die Spezialisten vom Nationalen Analysezentrum der Deutschen Bundesbank führen sogar regelmäßig Gespräche mit einzelnen Fälschern, um hinter ihre Arbeitsweisen und Tricks zu kommen. Sozusagen Gespräche unter Fachleuten. 40 000 Fälle von genialen Fälschern, aber auch von Dilettanten hat die Abteilung jährlich zu bearbeiten. Es wurde sogar ein Archiv mit den kuriosesten Fälschungen angelegt. Da war zum Beispiel der Mann, der die Scheine von einer Jux-Klorolle abschnitt und einkaufen ging. Auch ein Dreihundert-Euro-Schein wurde über vierzigmal in den Umlauf gebracht. Achtzig Prozent der Banknotenfälschungen werden der Organisierten Kriminalität zugeordnet und nicht in Deutschland hergestellt. Die meisten kommen aus Süd- oder Südosteuropa. Fälscher stellen allerdings nie perfekte Blüten her. Sie betreiben nur den Aufwand, der nach dem Kosten-Nutzen-Prinzip erforderlich ist. Sie sind jedoch meist nicht die Verteiler selbst. Sie verkaufen ihre Ware wie im Supermarkt an der Ecke. Für einen Fünfzig-Euro-Schein sind in der Regel zehn bis fünfzehn Prozent des Wertes zu zahlen. Eine immer stärkere Rolle spielt das Darknet im Internet. Hier werden Druckvorlagen für Falschgeld angeboten.

Nach Aussagen des Bundeskriminalamtes gab es 2018 knapp 3500 Ermittlungsverfahren. 99 912 falschen Euronoten im Wert von 17 Millionen Euro wurden sichergestellt. Das waren zehn Prozent mehr als im Vorjahr. Der beliebteste Schein der Fälscher mit dreiundfünfzig Prozent: die Fünfzig-Euro-Note.

Der Weihnachtsmord

Berlin Alexanderplatz, 23. Dezember 1987. Es war saukalt. Schneeflocken wirbelten um die Nasen der Weihnachtsmarktbesucher herum. Die Kinder freuten sich und griffen nach den Flocken, die sich im Nullkommanichts in ihren Händen auflösten.

Die beiden Halbwüchsigen mit den Wollmützen waren ebenfalls bester Laune und amüsierten sich. Die Stimmung war toll. Ein Weihnachtsmann stapfte durch die Menge, ein Engel streichelte den Kindern über die Köpfe. Der Duft von gebrannten Mandeln und Thüringer Bratwürsten lag in der Luft. Von irgendwoher ertönte Trompetenklang und ein Chor sang »Stille Nacht«. Strahlende Augen überall. Der eine oder andere kaufte noch ein kleines Geschenk für den morgigen Heiligabend.

Wie jedes Jahr hatte der Weihnachtsmarkt auch diesmal wieder viel zu bieten. Die Hände in den Hosentaschen schlenderten die beiden Jungs zwischen den Buden umher und ließen es sich gut gehen. Der siebzehnjährige Sascha R. aus Friedrichshain hatte seinen sechzehnjährigen Kumpel eingeladen.

»Komm, Karsten, lass uns erst mal 'nen Broiler essen. Ich hab verdammten Hunger. Meine Mutter hat mal wieder kein Abendbrot gemacht, weil sie noch auf irgendeine Versammlung musste. Kannste dir das vorstellen? Ist doch totaler Scheiß, einen Tag vor Heiligabend.«

Karsten lachte nur, sagte aber kein Wort. Er freute sich über die unerwartete Einladung, wollte aber zuerst Riesenrad fahren. Sascha blieb unten. Angeblich hätte er keine Lust zu diesem Kinderkram. *Der hat Schiss, obwohl er immer so tut, als wäre er der Größte,* dachte Karsten und schaute sich Berlin von oben an. Die Häuser, die Autos und überhaupt alles sah aus wie aus einem Spielzeugladen. Dabei ging Karsten die Frage durch den Kopf, woher sein Freund eigentlich das Geld hatte. Er war schon des Öfteren sehr großzügig gewesen. Sei es im Umgang mit Bargeld oder besonderen Spezialitäten, wie zum Beispiel Schokolade oder Kaffee aus dem Westen. Er wusste zwar, dass Sascha sich Geld und andere Dinge verdiente, indem er einer alten Frau aus seinem Wohnhaus häufig beim Einkaufen, Kohlen aus dem Keller schleppen oder beim Erweisen anderer Gefälligkeiten half. Dafür bekam er Geschenke und auch finanzielle Zuwendungen. Die alte Frau hatte viele Verwandte in Westberlin und in der Bundesrepublik.

Ostberliner Weihnachtsmarkt am Alexanderplatz

Wieder sicheren Boden unter den Füßen, drängte Sascha seinen Freund gleich zum Broilerstand. Lust zum Warten hatten beide nicht und drängelten sich vor. Saschas und Karstens Hühner waren leicht angekohlt, doch es waren die letzten, und um auf Nachschub zu warten, hatten sie weder Lust noch Zeit. Danach gab es für jeden noch eine Grilletta mit Ketchup aus Werder. Die Bulette im Brötchen schmeckte ihnen hervorragend. Am nächsten Stand einen Glühwein, am übernächsten für jeden ein Bier. Zwischendurch eine Fahrt mit dem Walzerkarussell. Danach ab in die Geisterbahn. Im Wagen vor ihnen saßen zwei Mädchen, die in jeder Kurve und beim Anblick eines Skeletts kreischten. Nach der Fahrt sprach Sascha die Mädels an. Sie ließen ihn links liegen und gingen kichernd weiter. Erschöpft setzten sich die Jungs auf zwei frei gewordene Plätze neben dem Wurststand.

»Ick will jetzt schießen«, sagte Sascha. »Da zeige ick dir, wat ick allet druff habe.«

Fünf Schüsse. Fünf Treffer. Sascha war stolz, Karsten verblüfft. Er selbst wollte eine Plastikblume für seine kleine Schwester schießen, schoss jedoch fünfmal daneben. Pech gehabt. Am Losstand hatte er mehr Glück und gewann einen Teddy im Miniformat. Karsten genoss das Zusammensein mit seinem Freund auf dem Weihnachtsmarkt. Er hatte kaum Freunde und seine Freundin machte ständig Zicken. Mal wollte sie dies und mal das. Mal überhaupt nichts, dann wieder alles. Zurzeit ignorierte sie ihn mal wieder.

Nach dem Losgewinn bummelten sie noch eine Weile ziellos herum. Zum Abschluss aß jeder eine Thüringer Rostbratwurst mit viel Mostrich. Am Abend gingen sie ins Kino.

Dieser Tag, aber das wusste Karsten zu diesem Zeitpunkt nicht, sollte die vorletzte Begegnung mit Sascha sein.

Berlin-Friedrichshain, Mühsamstraße 23. Dezember 1987, gegen fünfzehn Uhr

Hilde Weber kam vorzeitig von der Arbeit. Sie hatte sich einen halben Tag frei genommen. Schließlich musste sie noch einen Weihnachtsbaum kaufen, die bunten Kugeln, die Kerzen und das Lametta aus dem Keller holen. Nur wo sie die silberne Tannenbaumspitze suchen sollte, wusste sie beim besten Willen nicht. Morgen würden ihre Enkelzwillinge samt Tochter und Schwiegersohn kommen. Sie wollte den achtjährigen Mädchen unbedingt einen schönen Baum vorführen und sich an ihren glänzenden Augen erfreuen. Auf dem Treppenabsatz im ersten Stock begegnete ihr Frau Hoffmann mit ihrem Pudel Rudi und zwei vollen Einkaufsnetzen.

»Na, Hildchen«, fragte ihre Mitbewohnerin aus dem dritten Stock. »Für morgen schon alles vorbereitet? Kommen die Kinder und Enkel zum Geschenkeabholen?«

»Ja, ja, aber nicht nur zum Geschenkeabholen. Wir machen es uns wie jedes Jahr gemütlich. Erst gibt es Wiener mit Kartoffelsalat, dann muss jeder ein selbstverfasstes Gedicht aufsagen und anschließend werden die Geschenke ausgepackt. Ich liebe dieses Rascheln von Papier und das Ah und Oh bei jedem Geschenk. Danach spielen wir Karten und Mensch ärgere dich nicht. Macht allen viel Freude.«

»Schade, da kann ich nicht mitreden. Nachdem mein Sohn eine Arbeit als Matrose der Handelsmarine gefunden hat, wohnen alle unsere Kinder und Enkel in Rostock. Sie kommen uns erst Silvester besuchen. Dann bleiben sie aber auch drei volle Tage. Ich freue mich sehr. Nur die verdammte Knallerei geht mir auf die Nerven. Und meinem Rudi auch.« Frau Hoffmann bückte sich und streichelte ihrem Rudi das Fell. »Übrigens, Hildchen, hast du Oma Weigert gesehen?«

»Nein, aber wenn du mich so fragst, gehört habe ich sie heute auch noch nicht. Vielleicht sollten wir mal nach ihr schauen.«

»Klar, machen wir. Sie freut sich doch über jeden Besuch.«

Die beiden Frauen machten sich auf den Weg. Nur Rudi weigerte sich, mit ihnen zu gehen. Frau Hoffman blieb nichts anderes übrig, als ihren Liebling auf den Arm zu nehmen. Die beiden Frauen wohnten im Vorderhaus, gingen kurz in ihre eigenen Wohnungen, um ihre Sachen und den Hund abzustellen. Danach liefen sie fröhlich plaudernd in den Seitenflügel des Hauses, wo Oma Weigert wohnte.

Oben angekommen, drückte Hilde Weber auf die Klingel. Da Ella Weigert schwerhörig war und nicht reagierte, läuteten sie mehrfach hintereinander. Obwohl die Klingel besonders laut eingestellt war, öffnete niemand.

»Das gibt's doch nicht. Aber vielleicht ist sie eingeschlafen und hört uns nicht«, meinte Frau Hoffmann, klopfte energisch gegen die Tür und rief laut den Namen ihrer Nachbarin.

Nichts passierte. Jetzt wurden die Frauen unruhig, klopften gemeinsam gegen die Wohnungstür und riefen noch einmal nach Ella Weigert. Doch alles blieb still. Die beiden Hausbewohnerinnen fanden das sehr seltsam. Ratlos setzten sie sich auf die Treppenstufen und starrten auf die geschlossene Tür. Sie waren beunruhigt.

»Hoffentlich ist unserer Oma nichts passiert. Sie ist zwar noch ganz rüstig, aber in diesem Alter kann ja viel passieren.«

»Du hast recht. Gegen sechzehn Uhr kommt Breuer von der Arbeit. Er hat einen Wohnungsschlüssel von Oma. Warten wir, bis er kommt, und machen nicht jetzt schon das ganze Haus verrückt.«

»Ja, so machen wir es.« Sie vereinbarten noch, dass wer Herrn Breuer zuerst sehen würde, die andere benachrichtigte.

Die Frauen gingen wieder in ihre Wohnungen zurück. Hilde Weber machte sich auf der Suche nach der Weihnachtsbaumspitze, Gerda Hoffmann schnappte sich ihren Rudi und ging Gassi.

Franz Breuer wohnte ebenfalls im Seitenflügel, einen Stock über Frau Weigert. Er war Mitte vierzig, hilfsbereit und genoss das Vertrauen aller Mieter. Breuer arbeitet als Autoschlosser in einer Werkstatt ein paar Straßen weiter und war nach Feierabend meist zu Hause. Als begeisterter Briefmarkensammler saß er oft bis spät in die Nacht hinein mit einer Lupe über seinen Marken und ordnete sie nach Ländern.

Gegen 16.15 Uhr kam Breuer nach Hause und Hilde Weber bemerkte ihn als Erste. Sie hatte die letzte Dreiviertelstunde aus dem Küchenfenster geschaut und verständigte sofort ihre Nachbarin. Gemeinsam gingen sie zu Breuer und klingelten. Franz, wie ihn alle nennen, öffnete, hörte sich die Besorgnis der beiden Frauen an und meinte gelassen:

»Dann gehen wir mal gemeinsam zu Frau Weigert. Wird schon nichts passiert sein.«

Vorsichtshalber klingelten und klopften sie noch mehrmals, um Oma Weigert nicht zu erschrecken, wenn sie plötzlich vor ihr stünden. Als wieder nicht geöffnet wurde, schloss Breuer mit dem Zweitschlüssel die Wohnungstür auf. Dabei stellte er fest, dass das Schloss lediglich eingeklinkt war, jedoch nicht abgeschlossen. Das war nicht besonders ungewöhnlich. Er wusste, Oma Weigert verschloss die Wohnungstür nur, bevor sie schlafen ging. Alle drei betraten den Flur.

In der Wohnung rief Breuer mehrfach nach der alten Dame. Keine Antwort. Nun wurde es den beiden Frauen immer mulmiger. Sie blieben neben dem Schirmständer stehen und ließen Breuer allein weitergehen. Er schaute rechts vom Flur in die Küche. Niemand da. Es herrschte absolute Stille in der kleinen Einraumwohnung. Plötzlich ein Geräusch. Es klang irgendwie metallisch und kam aus dem Wohnzimmer. Es war Omas Wellensittich Walter. Er hackte mit seinem Schnabel gegen das Käfiggitter.

Frau Weigert lag im Bett. Wie tot. Und das war sie auch. Franz Breuer trat ans Bett und beugte sich über sie. Er war zwar kein Arzt, aber ehrenamtlicher Sanitäter. Während seiner Zeit bei der Nationalen Volksarmee war er drei Jahre bei einem Sanitätsbataillon stationiert gewesen und glaubte mit Sicherheit sagen zu können, dass Ella Weigert nicht mehr lebte.

»Ich glaube, sie ist tot. Ich habe die Telefonnummer ihres Hausarztes und werde ihn verständigen. Er muss kommen und einen Totenschein ausstellen. Das ist gesetzlich vorgeschrieben.«

Die beiden Frauen hatten das Wohnzimmer nicht betreten. Sie waren voller Ehrfurcht im Türrahmen stehen geblieben und sagten kein Wort. Erst als Breuer die Wohnung verlassen wollte, um den Hausarzt zu verständigen, erwachten sie aus ihrer Starre.

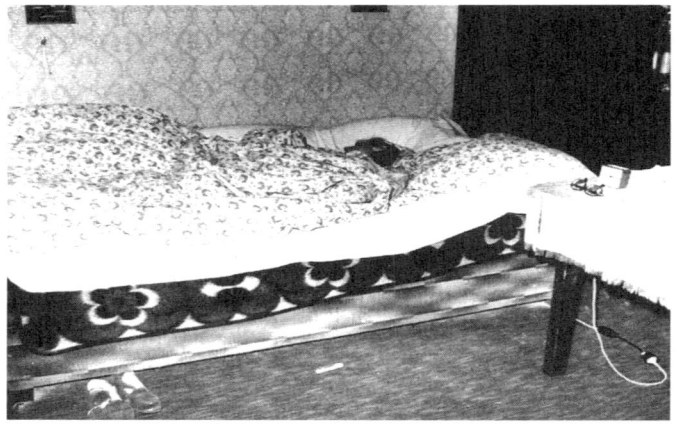

Originalfoto von der toten Ella Weigert

»Schau doch, Hilde, Oma sieht aus, als schläft sie nur«, sagte Gerda Hoffmann.

Breuer drehte sich an der Wohnungstür noch einmal um.

»Nein, ich bin mir ganz sicher, dass sie tot ist. Bleibt bitte in der Wohnung, am besten in der Küche, bis ich vom Telefonieren zurück bin.«

In der Küche setzten sich die Frauen auf die Eckbank, schwiegen und hingen ihren Gedanken nach. Beide waren vor fünfzehn Jahren in dieses Haus gezogen, und seitdem kannten sie die Achtundachtzigjährige, die damals schon hier gewohnt hatte.

»Nun ja«, brach Hilde Weber das Schweigen, »sie ist ja wirklich sehr alt geworden. Und dabei war sie immer noch so rüstig. Ich wünschte mir, sollte ich so alt werden, auch so fit zu sein wie sie.« Sie fing zu weinen an.

»Ja, du hast recht. Und durch unsere Nachbarschaftshilfe war sie auch nicht einsam.« Gerda Hoffmann flossen nun ebenfalls die Tränen über die Wangen.

Dann schwiegen sie wieder. Kurz darauf kam Breuer vom Telefonieren zurück.

»Alles klar, meine Damen. Doktor Seefeldt kommt in Kürze. Wenn ihr wollt, könnt ihr gehen. Ich warte so lange auf den Arzt.«

Doch die Frauen wollten lieber in der Wohnung der Toten bleiben.

Totenschein für verstorbene Personen, die ein Jahr oder älter sind
Ausfüllung mittels Schreibmaschine oder in Blockschrift erwünscht

männlich ☐ weiblich ☐ Zutreffendes ankreuzen!

1. Familienname und Vornamen			
2. Ständiger Wohnsitz	(Kreis)	(Gemeinde)	(Straße)
3. Geburtsdatum	Tag: Monat: Jahr: 19	zu Hause ☐	Sterbeort:
4. Sterbedatum	Uhr: Tag: Monat: Jahr: 19	stationäre Einrichtung ☐ wo sonst?	
5. Feststellung des Todes	Uhr: Tag: Monat: Jahr: 19	durch den behandelnden Arzt ☐ nicht durch den behandelnden Arzt ☐ *)	
6. Schwangerschaft und Entbindung	Liegt eine Schwangerschaft vor? ja ☐ _____ Monat nein ☐ unbekannt ☐	Erfolgte in den letzten 6 Wochen eine Entbindung ja ☐ am nein ☐ unbekannt ☐	
7. Todesart	Natürlicher Tod ☐ Unfall ☐ Tod durch fremde Hand ☐ Verdacht auf nicht natürlichen Tod ☐ Selbstmord ☐ nicht aufgeklärt ☐	Sind Anhaltspunkte für einen nicht natürlichen Tod vorhanden oder handelt es sich um einen unbekannten Toten oder um einen nicht aufgeklärten Todesfall, so ist unverzüglich die Volkspolizei zu benachrichtigen.	
8. Zweifelhafte Todesursache	Ist die Todesursache zweifelhaft ja ☐ nein ☐ Evtl. Zweifel anführen:		
9. Nur auszufüllen bei Unfall	Unfall während der Arbeit ☐ Unfall beim Sport ☐ Unfall im Verkehr ☐ Sonstiger Unfall ☐ Unfall im Haushalt ☐	Äußere Ursache (Zustandekommen) des Schadens:	
10. Autopsieantrag	Wurde eine Autopsie beantragt? ja ☐ nein ☐ wo?		

Als Dr. Seefeldt klingelte, war es 17.20 Uhr. Er war schon über zehn Jahre der Hausarzt von Ella Weigert und kannte alle ihre Zipperlein sowie ihre ernsthaften Erkrankungen wie Diabetes. Aber er wusste auch, dass der Allgemeinzustand der Achtundachtzigjährigen sehr gut war. Seine Patientin und er hatten oft miteinander gescherzt. Klagte sie über Rückenschmerzen, sagte er, sie solle doch mal in ihren Personalausweis auf das Geburtsdatum schauen. Dann lachte sie jedes Mal und meinte:

»Herr Doktor, Sie sind ein richtiger Schelm.«

Dr. Seefeldt stellte seine Arzttasche auf einen Stuhl und beugte sich über Oma Weigert. Er hob ihre Augenlider an, hörte mit dem Stethoskop das Herz ab und machte noch ein paar weitere Untersuchungen. Dann schüttelte er den Kopf und stellte nun auch amtlich den Tod von Frau Weigert fest. Doch beim Ausfüllen des Totenscheins zögerte er. Franz Breuer bemerkte das und bat ihn zu einem Vieraugengespräch in die Küche.

»Herr Doktor, ich habe Ihr Zögern bemerkt. Auch ich habe Bedenken. Frau Weigert hatte einen großen Verwandtenkreis in der Bundesrepublik und in Westberlin. Und wie jeder wusste, war die alte Dame auch sehr großzügig. Sehen Sie hier«, sagte Breuer und zeigte auf den Küchenschrank. »Alles Pakete aus dem Westen. Teils mit, teils ohne Inhalt, und alle sind geöffnet. Vielleicht hat sie schon einiges verschenkt. Sie wissen ja, echter Bohnenkaffee, Jeans und Schokolade finden bei uns schnell Abnehmer. Aber irgendwie gefällt mir die Unordnung in den Paketen nicht. Für mich sieht es so aus, als hätte nicht sie, sondern eine andere Person darin herumgewühlt. Ich kann aber nicht konkret sagen, warum. Aber hier stimmt etwas nicht.«

Breuer und der Arzt setzten sich.

»Ja, Herr Breuer, ich will keine voreiligen Schlüsse ziehen, aber auch ich habe ein mulmiges Gefühl. Es widerstrebt mir, den Totenschein zu unterschreiben. Ich habe zwar keinen Befund für einen unnatürlichen Tod festgestellt und auch aufgrund des Alters von Frau Weigert ist ein plötzliches Herzversagen jederzeit denkbar. Trotzdem, ich glaube, ich sollte die Polizei verständigen.« Dann bat er Franz Breuer, das Telefon in dessen Wohnung benutzen zu dürfen.

»Ja, Herr Doktor, selbstverständlich doch. Ich glaube auch, dass es besser ist, wenn die Polizei kommt.«

Dann gingen beide in Breuers Wohnung. Der Arzt rief die Volkspolizeiinspektion Berlin-Friedrichshain an. Auch die Damen verließen die Wohnung der Toten.

Etwa fünfundzwanzig Minuten später traf Oberleutnant H. Prudlow vom Kriminaldauerdienst der Inspektion Friedrichshain in der Mühsamstraße ein. Der Kriminalist ließ sich den bisherigen Sachverhalt erklären und hörte sich die Bedenken des Arztes und auch die von Franz Breuer an. Prudlow war ein Mann, der nichts überstürzt. Die einen nannten ihn deshalb auch einen Pedanten. Doch alle waren stets von seiner Genauigkeit und seinen Erfolgen beeindruckt.

Nachdem er den beiden Männern aufmerksamen zugehört und sich ein paar Notizen gemacht hatte, betrat er das Todeszimmer. Obwohl Oberleutnant Prudlow in seinen dreißig Dienstjahren schon so manche Leiche gesehen hatte, ließ ihn der Anblick eines toten Menschen noch immer nicht kalt. Er spürte die Schauer, die von den Fußsohlen bis hinauf zu den Haarspitzen seinen gesamten Körper ergriffen. *Gleich ist es vorbei,* sagte er sich, denn er wusste aus Erfahrung, dass dieses Gefühl spätestens nach ein paar Minuten wieder verschwand. Schon oft hatte er über die Ursache nachgedacht. *Vielleicht ist es die Angst vor dem eigenen Tod, die mir diese eigenartige körperliche Reaktion herbeiführt?* Ein paar Mal hatte er versucht, mit Kollegen darüber zu sprechen. Doch im letzten Moment hatte er jedes Mal einen Rückzieher gemacht. Prudlow atmete tief durch, drückte die Schultern nach hinten und spürte, wie sich die Brustmuskeln lockerten.

Gründlich betrachtete er die Situation im Zimmer der Verstorbenen. Auch er wollte natürlich keinen grundlosen Mordverdacht äußern, zumal die Todesursache noch nicht einmal feststand. *Keine Spekulationen, bleib bei den Fakten,* sagte er zu sich selbst. Die genaue Todesursache würde erst eine Obduktion klären können. Aber die Begründung für eine Obduktion musste schon aus juristischer Sicht »hieb- und stichfest« sein. Also trat Prudlow einen Schritt zurück und ließ den Blick vom Türrahmen aus durch das Wohnzimmer wandern. Dabei fiel ihm etwas auf, was seine kriminalistische Erfahrung alarmierte. Man spricht in der Kriminalistik von Situationsfehlern, umgangssprachlich auch von »Kulissenschieberei« oder »türken«, also fälschen. In der Praxis heißt das, dass der Täter am Tatort/Fundort Veränderungen vorgenommen hat, die eine Normalität vortäuschen sollen, um den Verdacht einer Straftat erst gar nicht aufkommen zu lassen. Neben der verdächtigen Suche in den Paketen in der Küche stutzte er nun über die Abstellsituation der Hausschuhe der Toten vor ihrem Bett. Sie standen akkurat parallel nebeneinander. So als hätte sich jemand besonders viel Mühe gegeben.

Die sind von jemandem so hingestellt worden, ging es Oberleutnant Prudlow durch den Kopf. *Aber von wem und warum?* Noch einmal befragte er alle Personen, die sich in der Wohnung befunden hatten: Herrn Breuer, Dr. Seefeldt, Frau Weber und Frau Hoffmann. Sie bestätigten seine Vermutung: Keiner der Anwesenden hatte Veränderungen im Bereich des Wohnzimmers und der Küche vorgenommen. Zwar hatte er noch immer keine Beweise für ein Fremdverschulden, aber sein Gefühl sagte ihm, dass hier etwas nicht stimmte. Sein Entschluss stand fest: Er informierte den Kriminaldienst des Präsidiums am Alexanderplatz: Ungeklärte Todesursache, Verdacht auf Tötungsdelikt.

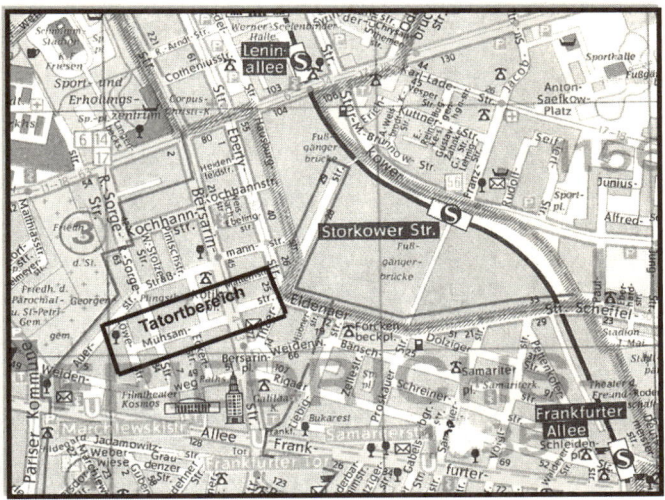

Berlin Alexanderplatz, Volkspolizeipräsidium. 23. Dezember 1987, 19.30 Uhr

Nun ging alles seinen Gang. Und am Ende des Ganges stand ich. Durch den Kriminaldienst des Präsidiums wurde ich vom Sachverhalt in Kenntnis gesetzt. Sofort veranlasste ich den Einsatz der Bereitschaftskräfte der MUK (Morduntersuchungskommission). Ich telefonierte noch kurz mit meiner Frau und sagte ihr, dass es mal wieder später würde. Meine Gabi war wirklich eine patente Ehegattin. Sie murrte nie, war nie sauer oder gab mir zu verstehen, ich solle mir einen anderen Job suchen.

Gegen einundzwanzig Uhr war ich mit meinen Kollegen Hauptmann Thomas S. und Oberleutnant Bernd B. von der

Bereitschaftsgruppe der MUK vor Ort. Oberleutnant Prudlow setzte sich mit uns dreien in die Küche und schilderte noch einmal detailliert die vorgefundene Situation, einschließlich seiner Schlussfolgerungen und Verdachtsmomente. Auch wir schauten uns in der Küche und im Zimmer um und fanden die Unordnung in den Paketen auffällig und das Aufstellen der Pantoffeln irgendwie künstlich. Danach waren wir alle sicher: Hier war etwas faul!

Sofort setzte ich mich mit dem Staatsanwalt in Verbindung, der eine Obduktion für den nächsten Morgen anordnete. Ich verließ als Letzter die Wohnung und versiegelte die Tür. Dabei schaute ich noch einmal auf das Klingelschild mit dem Namen »Ella Weigert«. Vierzig Jahre hatte die alte Dame hier gelebt. Hatte gelesen, gekocht, wahrscheinlich geliebt, gestritten und mit den Nachbarn geplaudert. Jetzt war alles vorbei, was mich traurig machte. Langsam und nachdenklich verließ ich das Haus.

Berlin Alexanderplatz, Volkspolizeipräsidium. 24. Dezember 1987, 6.30 Uhr

Am Morgen war ich schon sehr früh im Präsidium. Gegen sieben saß ich an meinem Schreibtisch und blätterte noch einmal die Zeugenaussagen durch. Manchmal hat man Stunden später einen anderen Blick auf das Geschehen. Um zehn Uhr rief mich der Gerichtsmediziner an. Das Ergebnis der Obduktion war eindeutig: Frau Weigert war ermordet worden. Sie war durch eine »weiche Bedeckung« erstickt worden. Bei einer so alten Dame war das ohne große körperliche Anstrengung möglich. Es war eindeutig Gewaltanwendung im Spiel gewesen. Bruch des Kehlkopfhorns! Die Gerichtsmediziner favorisierten als Tatmittel eine Decke oder ein Kissen.

Im *Handbuch für Kriminalisten* aus dem Jahr 1985, das für den »Dienstgebrauch der Kriminalpolizei der DDR« gedacht war, stand auf Seite 351 diesbezüglich geschrieben:

»Ersticken durch Verschluss der Atemöffnungen.

Tod durch weiche Bedeckung. Zum Verschluss der Atemöffnungen werden häufig, weiche, nachgiebige Gegenstände (Kissen, Decken, Plastehüllen) als Tatmittel verwendet. Betroffene sind vor allem Gebrechliche und Säuglinge.

Die Ereignisortsituation ist stets kritisch zu beurteilen, ob der Verdacht eines Tötungsverbrechens oder ein Unfall vorliegt (soziales Milieu, mögliche Motive usw.).

Beachte: Spuren von Gewaltanwendung sind nur schwer nachzuweisen, deshalb stets Sachverständige hinzuziehen.«

Auch die Aussagen einiger Hausbewohner lagen mir nun vor. Die Kollegen hatten am Abend zuvor schon erste Ermittlungen im Wohnhaus durchgeführt. Das hieß: Vorderhaus und die beiden Seitenflügel bis in den vierten Stock hinauf der

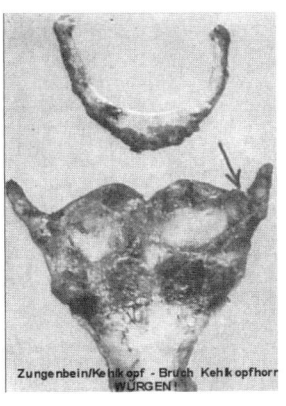

Zungenbein/Kehlkopf - Bruch Kehlkopfhorn »WÜRGEN«

Reihe nach aufsuchen. Meiers aus dem ersten Stock hatten ausgesagt, dass Sascha R. aus dem vierten Stock im Vorderhaus oft für Oma Weigert einkaufen ging. Sie hatte ihn sehr gern gemocht und ihm voll vertraut. Er sei ein höflicher junger Mann und grüße immer. Mehr könnten sie zu dem Jungen nicht sagen. Auch Petzolds aus dem linken Seitenflügel nannten Sascha R.. Sie meinten ebenfalls, er wäre ein netter und höflicher Junge. Da er oft bei Oma Weigert gewesen wäre, könnte er bestimmt mehr sagen.

Da einige Hausbewohner nicht zu Hause gewesen waren, auch bei Familie R. hatte niemand geöffnet, mussten zwei Beamte nach zweiundzwanzig Uhr noch einmal bei ihnen klingeln. Bei R. öffnete immer noch keiner, aber Wagenknechts aus dem Parterre hatten Interessantes zu berichten. Sie hätten Sascha am Morgen gesehen, wie er, zwei Stufen auf einmal nehmend, die Treppen heruntersprang. Er hatte es sehr eilig gehabt und noch nicht einmal gegrüßt. Das hätte sie doch sehr gewundert. Vielleicht hatte der Junge was gesehen. Auf die Frage der Kollegen, ob sie dem Jungen eine solche Tat zutrauten, reagierten sie mit Entrüstung. Nie und nimmer, erklärte Herr Wagenknecht. Der wäre viel zu nett für so etwas. Die Kollegen notierten die Aussagen, dann machten sie Feierabend.

Die ersten Recherchen über den siebzehnjährigen Sascha R., Schüler der zehnten Klasse der Polytechnischen Oberschule, ergaben nichts Auffälliges. Weder in der POS noch in der Nachbarschaft war er bisher negativ aufgefallen. Im Gegenteil, Sascha wurde als hilfsbereit und höflich beschrieben. Und trotzdem, sein auffälliges Bemühen um die alte Frau wirkte auf einige Hausbewohner befremdlich.

Nach dem Obduktionsergebnis schickte ich die Spurensicherung noch einmal zum Tatort. Die Tatsache, dass Frau Weigert durch eine »weiche Bedeckung« getötet worden war, ließ den Schluss zu: Das Tatmittel befand sich vielleicht noch in der Wohnung. Es gab natürlich auch die Möglichkeit, dass der Täter das Tatmittel aus der Wohnung entfernt oder vielleicht sogar mitgebracht hatte. Bei unserer morgendlichen

Sitzung und Versionsbildung schlossen wir das aber zunächst aus. Unter einer Versionsbildung war etwas Ähnliches zu verstehen wie das Profiling später in der Bundesrepublik.

Wir zerlegten die Tat in viele Einzelteile und versuchten uns ein Bild des Täters zu machen. Warum hatte er die Wohnungstür des Opfers nicht abgeschlossen? Wieso standen die Hausschuhe auffällig akkurat vor dem Bett? Warum passierte der Mord am Morgen? Weshalb die Unordnung in den Paketen? Warum wurde die alte Frau erstickt? Das alles waren Fragen, die den Täterkreis einengen und uns eventuell schneller zum Ziel führen sollten. Zum Abschluss tranken wir noch einen Kaffee. Einer von uns warf noch den Spruch in die Runde, den zwar jeder kannte, aber über den trotzdem alle lachten: »Trinkt Papa morgens Mokka-Fix, tut er am Abend Mama nix.«

So begann der Heiligabend trotz dem Mord und der Arbeit und den wahrscheinlichen Überstunden doch mit halbwegs guter Laune.

Noch einmal fuhr ich in die Mordwohnung und war bei der zweiten Spurensicherung dabei, um möglichst schnell das Resultat zu erfahren. Die Wohnung von Frau Weigert wurde erneut gründlich auf den Kopf gestellt. Neben einer nochmaligen Suche nach Fingerabdrücken in der Küche und auf den geöffneten Paketen wurde vor allem nach dem Tatwerkzeug gesucht.

Da ich das Gefühl hatte, meinen Kollegen nur im Weg zu stehen, ging ich zu Franz Breuer in die Wohnung. Er erzählte mir, wie toll das Miteinander in diesem Haus funktionierte und dass man sich regelmäßig zum Kartenspielen traf. Vom Rommeespielen hatte Oma Weigert nichts gehalten.

Aber beim Skatkloppen war sie immer dabei gewesen. Meist hatte sie einen Weinbrand aus dem Westen mitgebracht, selbst allerdings viel lieber am Eierlikör genippt. Ich dachte kurz daran, auch bei uns im Haus so etwas zu organisieren. Vergaß es aber sofort wieder. Bei meiner unregelmäßigen Arbeitszeit würde es sowieso nie klappen.

Nach einer Stunde klingelte es an Breuers Tür und ein Kollege bat mich nach unten. Die MUK hatten einen Erfolg zu vermelden. Auf einem Sessel im Wohnzimmer befanden sich übereinander abgelegt vier Kissen von unterschiedlicher Größe. Eines der Kissen hatte die besondere Aufmerksamkeit der Kriminalisten geweckt. Es hatte einen dunklen Fleck in der Mitte. Es sah aus, als befänden sich darauf biologische Spuren. Die Kollegen tippten auf Speichel.

Weiterhin stellte die MUK fest, dass Sascha R. nicht befragt werden konnte, da er seit den frühen Morgenstunden mit unbekanntem Ziel die Wohnung seiner Eltern verlassen hatte. Er, seine Schwester und die Eltern wohnten im vierten Stock des Vorderhauses in einer Dreiraumwohnung. Noch einmal wurden die Mieter befragt. Diesmal gezielt nach dem Verhältnis von Sascha R. zu Oma Weigert. Dabei ergab sich, dass sich der Junge mehrfach in der Woche bei ihr aufgehalten hatte. Frau Weigert hätte so großes Vertrauen zu dem Jugendlichen gehabt, dass sie sogar die Wohnung verließ, wenn er putzte. Diese Zeit verbrachte sie bei einer Tasse Kaffee und einem Stück Kuchen bei Frau Weber oder in einem Café in der Nähe.

Nachdem ich noch einmal alle Punkte zusammengetragen hatte und da ihn sein plötzliches Verschwinden am frühen Morgen des Heiligen Abend verdächtig machte, veranlasste ich eine Fahndung-Vermisst-Zuführung von Sascha R., denn auch seine Familie hatte keine Erklärung für sein Verschwinden. Diese Fahndungsart bedeutete, dass zwar noch kein konkreter Tatverdacht vorliegt, aber bei Antreffen der Person ist diese der ausschreibenden Dienststelle zuzuführen, um den Sachverhalt zu klären. Ich mochte solche Sätze nie und fragte mich immer, wer sich diese Monstersätze ausdachte. Wir hatten geglaubt, dass sich Sascha aus dem Staub gemacht hatte, weil er befürchtete, dass wir ihn verdächtigten. Doch wir hatten uns getäuscht. Er war bei seinem Freund gewesen, der Ärger mit seiner Freundin hatte.

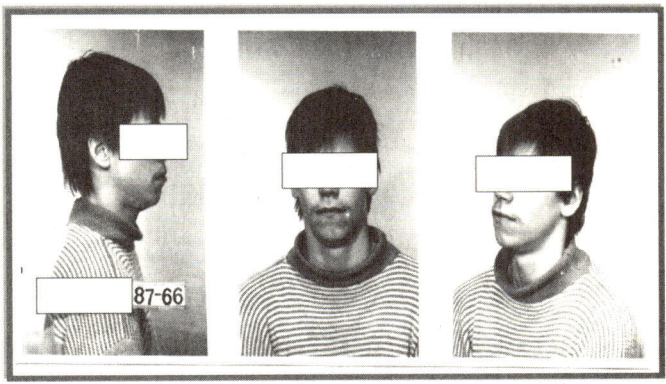

Sascha R. nach seiner Festnahme

Gegen vierzehn Uhr schlenderte Sascha R. die Mühsamstraße hinunter, blieb im Hauseingang stehen und rauchte eine Club. Nachdem er die Zigarette auf dem Pflaster ausgetreten hatte, lief er die sechsundsechzig Stufen zur elterlichen Wohnung hinauf und schloss die Wohnungstür auf.

Franz Breuer hatte ihn die Straße herunterkommen sehen und sofort die Polizei verständigt. Eine Funkwagenbesatzung kam und nahm den Jugendlichen mit aufs Präsidium. Sascha R. tat entrüstet und beschwerte sich über den über ihn geäußerten Verdacht. Er hätte überhaupt nichts mit dem Tod der Rentnerin zu tun.

Im Präsidium ließ ich ihn in einen der Vernehmungsräume bringen und dort eine halbe Stunde sitzen. Warten tut immer gut. Das lockert oft die Zunge, heißt eine uralte Kriminalistenweisheit. Als ich dann den Raum betrat, übernahmen Bernd B. und Thomas S. die Vernehmung. Seine anfängliche Großspurigkeit war mindestens um die Hälfte gesunken. Bernd B. schaltete das Tonbandgerät an und befragte ihn zu seiner Person. Er sprach sehr leise, so dass man ihn mehrmals auffordern musste, lauter und deutlicher zu sprechen. Beim Reden versuchte er zwar, einem in die Augen zu sehen, doch nach wenigen Sekunden senkte er wieder den Blick. Nun stellte Bernd B. einige Fragen zu seiner Beziehung zu Oma Weigert. Warum hat er der alten Frau geholfen? War es seine soziale Einstellung oder versprach er sich von seiner Hilfe Geld? Wann hat er zum ersten Mal daran gedacht, sie zu bestehlen? Warum hat er sie erstickt? Hat er kein Mitleid mit ihr gehabt? Aufgrund seiner Reaktionen und seines Gesamtverhaltens waren sich die Kollegen zu neunzig Prozent sicher, dass er der Täter war und auch bald gestehen würde. Die Befragung des Jugendlichen wäre für jeden erfahrenen Ermittler der MUK kein Problem gewesen.

Nach einer guten Stunde war es so weit. Er fing plötzlich an zu weinen und hielt sich die Hände vor das Gesicht. Er war innerlich zusammengebrochen und legte ein umfangreiches Geständnis ab. Später erzählte er, dass er sich sicher gewesen war, dass die Tat niemals herauskommen würde. Schließlich war alles ohne äußerlich sichtbare Gewalt abgelaufen und Blut wäre auch keins geflossen.

Dieses schreckliche Verbrechen war bei der Persönlichkeit des Jugendlichen eigentlich nicht denkbar und schon gar nicht vorauszusehen gewesen. Aber wer kann schon, bei allen wissenschaftlichen Erkenntnissen, in das Gehirn eines Menschen hineinsehen?

Die wahre Motivation des Sascha R. war die Erlangung größerer Summen Bargeld gewesen. Laut seinen Angaben hatte Frau Weigert einmal geäußert, dass sie eine Menge Geld in einem Geldstrumpf versteckt hätte. Nach diesem Geldversteck hätte er mehrmals intensiv gesucht. Nicht nur am Tattag, sondern auch schon ein paar Tage zuvor. Gefunden hatte er nichts.

Auch wir fanden trotz intensivster Suche kein Geldversteck. So hatte der alten Dame vielleicht eine Lüge das Leben gekostet. Und schließlich charakterisiert ihre Erstickung, die Sascha als »grandios« beschrieb, seine ohne Zweifel vorhandene kriminelle Energie aus Geldgier. Die Idee dazu hätte er aus einem Kriminalfilm bekommen.

Die Bewohner des Hauses in der Mühsamstraße waren erschüttert. Auf allen Etagen herrschte Sprachlosigkeit. Nur in Franz Breuers Wohnung trällerte Walter fröhlich seine Lieder. Der Nachbar hatte den Wellensittich von Oma Weigert in Pflege genommen.

Wie unter diesen Umständen das Weihnachtsfest der Mieter ablief, ist nicht weiter bekannt. Als die Enkelzwillinge von Hilde Weber abends ihre Geschenke auspackten, saß Sascha R. allein in seiner Zelle. Seine Eltern öffneten in den nächsten Tagen keinem mehr die Tür und zogen wenige Wochen nach der Verhaftung ihres Sohnes in einen anderen Stadtbezirk.

Nach unbestätigten Informationen wurde Sascha R. zu einer Jugendhaftstrafe von sieben Jahren verurteilt. Man kann nur hoffen, dass er nach der Haftentlassung einen richtigen Weg gefunden hat.

Ein kurioser Wohnungseinbruch

Ein Sommertag Anfang Juli 1975, kurz vor den großen Schulferien.

Wolfgang Pillner stand am Fenster und schaute auf den Schulhof hinaus. Der Mathematiklehrer an der Wilhelm-Pieck-Oberschule in der Kissingenstraße in Berlin-Pankow war mit seinen Gedanken bereits bei Frau und Kind und dem kleinen Ferienhäuschen an der Ostsee. Noch drei Tage Unterricht, dann waren große Ferien. Vier Wochen Ruhe und Erholung, lange Strandwanderungen und Fisch essen.

Dann sah er Rolf Lehmann, einen Schüler aus der 10 b, der über den Schulhof lief, stehen blieb, sich bückte und etwas in die Hosentasche steckte. Es war ein silberner Gegenstand und sah nach einem Schlüsselbund aus. *Der Schussel hat schon wieder was verloren,* dachte Pillner. Erst letzte Woche hatte er sein Matheheft gesucht, bis er merkte, dass er es zu Hause hatte liegen lassen. *Der hat seinen Kopf auch nur zum Haareschneiden. In Mathe eine Pfeife, aber jedem Mädel hinterherrennen. Na ja, die Jugend von heute ist auch nicht mehr das, was wir einmal waren.* Dann klingelte es. Die große Pause war vorbei.

Der siebzehnjährige Rolf Lehmann saß inzwischen in einer Schultoilettenkabine auf dem Klodeckel und holte den silbernen Gegenstand aus der Hosentasche. Im Gegensatz zu dem, was sein Mathelehrer glaubte, hatte er den Gegenstand nämlich nicht verloren, sondern gefunden. Als er über den Schulhof geschlendert war, hatte er etwas auf der Erde blinken sehen und das Teil unbemerkt aufgehoben und eingesteckt. Jetzt hielt er ein Bund mit vier Schlüsseln in den

Händen. Die beiden großen könnten für eine Haustür und eine Wohnung sein. Die beiden kleinen gehörten wohl zu einem Briefkasten und einem Fahrradschloss.

Rolf hörte das Klingeln zum Pausenende, blieb aber sitzen. Er fragte sich, wem das Schlüsselbund gehören könnte. Rolf erinnerte sich, dass in der Nähe der Fundstelle drei Jungen aus der 10 a gestanden hatten, die er nicht näher kannte. *Mal sehen, was ich damit anfangen kann,* dachte er. Kein guter Entschluss, wie sich später herausstellen sollte. Er verließ die Toilette und saß zwei Minuten später auf seinem Platz. Das Schlüsselbund in der linken Hosentasche.

Revierkriminalstelle 281. Die ehemalige Villa in der Berliner Straße 28 war ein Haus mit Geschichte. Die Mauern des einstöckigen Hauses könnten viel erzählen. Von der einst reichen und in ganz Pankow angesehenen Familie, die in diesem Haus gelebt hatte. Von Geburt und Tod ihrer Bewohner. Von Glück und von Leid. Aber auch von den Ängsten im Zweiten Weltkrieg, den die Villa glücklicherweise nur leicht beschädigt überlebt hatte. Als der Sozialismus kam, verkauften die Besitzer das Haus an die DDR.

Als ich als junger Mann zur Kripo gekommen war, war die Villa schon Standort der Pankower Polizei gewesen. Auf einem Schild an der Eingangstür stand: »Polizeirevier 281«. Acht Räume mit Stuck an den Decken, getäfeltem Fußboden und einer schmalen Treppe, die in den ersten Stock führte. Wenn ich die Augen schloss, hatte ich oft das Gefühl, hier würde es noch immer nach früherem Wohlstand, Gediegenheit und höflichem Benehmen riechen. Nach einer Welt, die so ganz anders war, als das, was sich heute in diesem Haus abspielte.

Dass hier gute Manieren herrschten, war schon lange nicht mehr der Fall. Unsere »Gäste« waren nicht die edelsten Genossen, die dem Staat treu ergeben zu Füßen lagen und seine Gesetze beachteten. Manch ein Betrunkener erbrach sich in seiner Zelle und randalierte. Andere versuchten auf uns einzuprügeln und zu flüchten, weil wir sie wegen Einbruchs festgesetzt hatten. Doch trotz aller Schwierigkeiten: Ich fühlte mich hier wohl. Zumal sich direkt neben der Villa das Kino *Tivoli* befand, das ich nach dem Dienst hin und wieder mal besuchte. »Das Kino *Tivoli* hat eine lange Geschichte. 1895 war an dieser Stelle das Ausflugslokal *Feldschlösschen*. Im gleichen Jahr führten hier die Pankower Brüder Skladanowsky ihre ersten Filme vor. Einige Jahre später wurde daraus ein fester Kinostandort. 1925 wurde dann ein Filmtheater mit vierhundert Sitzplätzen gebaut. Das *Tivoli* war bis 1994 als Kino in Betrieb. Dann wurde es von der neuen Immobilienbesitzerin abgerissen. Heute befindet sich ein Discounter an diesem ehemals historischen Standort.«

Links neben dem legendären Kino *Tivoli* war das Polizeirevier der Pankower Polizei.

Bei uns Revierkriminalisten gab es keine geregelten Pausenzeiten. Die aktuelle Lage entschied, ob wir das Frühstücksbrot am Morgen oder erst am Abend essen konnten. Wir saßen immer auf Abruf. Was hin und wieder auch ganz schön war, weil wir uns im Sommer beim Essen in den Garten setzten. Aber meist nervte die Anspannung, da wir nie wussten, ob ein durchgedrehter Ehemann seine Frau erschlagen wollte oder gelangweilte Jugendliche irgendwo randalierten.

Die Geschichte, die ich hier erzähle, spielte an einem Sommertag im Juli des Jahres 1975. Mein Kollege Leutnant Günther »Charly« B. und ich hatten es uns gerade im Büro gemütlich gemacht und packten unsere mitgebrachten Stullenpakete aus. Es war gegen zwölf Uhr, das Kaffeewasser kochte schon und ich legte mir noch ein wenig frisch gezupften Schnittlauch, der in einer Ecke des Villengartens wuchs, auf die Käsestulle. Ich hatte dabei mein eigenes System, über das alle anderen lachten. Ich legte die grünen Halme so, dass sie wie ein Haus aussahen.

»Berndt, du hast echt 'ne Macke«, sagte Charly.

Genau in diesem Augenblick meldete sich aus dem Erdgeschoss telefonisch die Wache.

»Wohnungseinbruch Neumannstraße. Täter in Wohnung. Bürger rief Eins-Eins-Null. Toni 52 unterwegs.«

Es war der Kollege Rüdiger, der uns informierte. Er hatte zwar keine ungewöhnliche Stimme, doch am Telefon ungewöhnliche Ausdrucksformen. Rüdiger hatte, bevor er zur Polizei kam, ein paar Jahre in der Telegrammannahme gearbeitet, was auch seine karge Wortwahl erklärte. Kein Wort zu viel. Als würde jede gesprochene Silbe Geld kosten.

Also die Stullen wieder in die Büchsen zurück, die Jacken

angezogen und schnell hinaus aus dem Polizeirevier. Der vermeintliche Tatort befand sich nicht weit davon entfernt. Knapp zehn Minuten zu Fuß. Also Dauerlauf bis zur Neumannstraße. Das war Training wie beim Polizeisport. Ziemlich außer Atem kamen wir in der Neumannstraße an. Sie ist Bestandteil des sogenannten Kissingenviertels, benannt nach dem Ort Bad Kissingen und der im Bereich befindlichen Kissingenstraße.

Am Tatort wurden wir schon von neugierigen Bürgen und der Funkwagenbesatzung erwartet, die uns noch einmal darauf aufmerksam machte, dass der Täter sich noch in der Wohnung befände. Auch einige Mieter des Tatorthauses waren anwesend. Es war vierstöckiges Mehrfamilienhaus, erbaut 1926 im damaligen modernen Architekturstil. Die Fassade hell und freundlich, mit jeweils zwei Wohnungen pro Stockwerk und einer großzügig begrünten Hofanlage.

Zwei fünfzig Jahre alte Eichen davor und rundherum Blumenbeete, die zum Verweilen und Hinschauen verleiteten. Im Schatten der Bäume befanden sich zwei Tische und vier Stühle. Doch für das Schöne hatten wir im Moment keinen Blick. Die Zeit saß uns im Nacken. Schließlich sollte sich der Täter noch in der Wohnung befinden.

Dann tippte mir jemand auf die Schulter. Als ich mich umdrehte, stand ich einem jungen Mann gegenüber. Einem Jungen mit pickligem Gesicht. *Der arme Kerl,* dachte ich. *Aber irgendwann ist auch deine Pubertät mal vorbei.* Er stellte sich mir als Sven Köhler vor und sagte, er wohne mit seinen Eltern in der Tatortwohnung im ersten Stock.

Wie sich später herausstellte, war der Junge siebzehn Jahre alt und Schüler der zehnten Klasse der Wilhelm-Pieck-Oberschule Pankow. Er war ziemlich aufgeregt und schilderte folgenden Sachverhalt:

»Heute hatten wir früher Schulschluss, so gegen elf Uhr. Ich bin von der Schule aus gleich nach Hause gegangen, weil ich noch Russischvokabeln lernen wollte. Als ich meine Wohnungstür aufschließen wollte, merkte ich, dass sie unverschlossen war und jemand von innen gegen die Tür drückte. Ich bekam einen furchtbaren Schreck, und mir fiel nichts anderes ein, als sofort bei meiner Nachbarin Frau Maus, sie wohnt genau gegenüber unserer Wohnung, zu klingeln. Frau Maus war Gott sei Dank zu Hause und öffnete sofort. Ich hatte Glück, dass ihr erwachsener Sohn zu Besuch war. Außerdem hat sie ein eigenes Telefon. Sie forderte mich auf, andere Mieter zu alarmieren; sie wollte inzwischen die Polizei anrufen, während ihr Sohn meine gegenüberliegende Wohnungstür überwachen sollte. Und genauso haben wir es gemacht. Der Sohn von Frau Maus und ein Nachbar haben immer noch meine Wohnung im Blick.« Der Junge war sichtlich bemüht, mir alles haarklein zu erzählen. Doch ich unterbrach ihn, jetzt zählte jede Sekunde.

»Gut, sehr gut gemacht, da haben wir ja eine gute Chance, den Einbrecher noch in deiner Wohnung vorzufinden«, antwortete ich und klopfte dem Jungen anerkennend auf die Schulter.

Nach dieser Schilderung, wir hatten inzwischen das Wohnhaus betreten, trafen wir tatsächlich vor der Wohnung des Jugendlichen den Nachbarssohn und einen Mieter an. Sie hatten die Tatwohnung nicht aus den Augen gelassen. Außerdem bewachte auch ein Schutzpolizist von der Funkwagenbesatzung die Wohnung.

Treppenhaus Tatort

Charly und ich sahen uns kurz an, nickten gleichzeitig und besprachen kurz unser weiteres Vorgehen. Wir zogen unsere Pistolen aus den Halftern und steckten sie griffbereit in unsere Jackentaschen. Ich hatte mir zuvor von Sven Köhler die genaue Lage der Räumlichkeiten beschreiben lassen, so dass wir wussten, wo sich die einzelnen Zimmer befanden. Dann zogen Charly und ich die Schuhe aus. Vorsichtig öffnete ich mit Svens Schlüssel die Wohnungstür. Ich war so leise wie möglich, um den möglichen Täter nicht durch das Schließgeräusch zu warnen. Dann betraten wir lautlos den Flur. Hinter mir Charly und der Kollege von der Schutzpolizei. Mehrmals rief ich laut:

»Kriminalpolizei, kommen Sie in den Flur!«

Keine Reaktion. Auf Socken schlichen wir durch die Wohnung. In der Küche war niemand, das Bad war ebenfalls leer. Dann hörten wir ein Wimmern. Erst sehr leise, dann immer lauter werdend. Es klang unheimlich. Einen Moment blieben wir stehen und orientierten uns neu. Das Stöhnen kam aus dem Schlafzimmer. Ein Mensch war in Not, das war deutlich zu hören.

Mit den Pistolen im Anschlag betraten wir das Schlafzimmer. Von der Tür aus sahen wir eine Person quer über dem Bett liegen. Es war ein junger Mann mit auf dem Rücken gefesselten Armen, zusammengebundenen Beinen und einen Knebel im Mund. Seine Augen waren angstvoll aufgerissen und sein Stöhnen verstärkte sich noch, als er uns sah. Ein unheimlicher Anblick.

Während der Schutzpolizist den jungen Mann von den Fesseln befreite, überprüften Charly und ich die restlichen Räume der Wohnung, schauten in Schränke, unter Bett und Sofa und hinter die zugezogenen Gardinen. Das Ergebnis: keine weitere Person in der Wohnung.

Dann kümmerten wir uns um den im Schlafzimmer

vorgefundenen jungen Mann. Nach erstem Augenschein stand er unter Schock. Seine Augen wanderten wirr durch das Zimmer, und es schien mir, als würde er uns gar nicht richtig wahrnehmen. Der Schutzpolizist hatte die Vorhänge aufgezogen und die hereinfallende Sonne blendete uns. Zum Glück hatte ich meine Sonnenbrille dabei und setzte sie auf.

Der Junge saß in einem Sessel und hatte sich ein wenig beruhigt. Inzwischen wussten wir, dass es sich um den siebzehn Jahre alten Jugendlichen Rolf Lehmann handelte und er Schüler der Wilhelm-Pieck-Oberschule in Pankow war. Dieselbe Schule, die auch Sven Köhler besuchte. Bisher gab es zwischen den beiden Jugendlichen allerdings keinen engen Kontakt. Rolf Lehmann sagte, er kenne ihn nur von den großen Pausen auf dem Schulhof und wisse auch nur seinen Vornamen.

Warum und wie kam Rolf Lehmann in die Wohnung seines Mitschülers, obwohl sie sich kaum kannten? In mir machte sich ein Gefühl breit, dass ich bis zum Ende meiner Laufbahn immer spürte, wenn mir etwas faul vorkam. Für das merkwürdige Gefühl gab es nie eine rationale Erklärung, aber es gibt Kollegen, denen es genauso ging und auch heute noch geht. Heute sagt man Bauchgehirn dazu. Gemeint ist das aus etwa hundert Millionen Zellen bestehende Nervensystem des Magen-Darm-Traktes. Es lässt bei Verliebten Schmetterlinge flattern oder uns vor Wut toben. Anderen schlägt Ärger auf den Magen oder sie machen sich aus Angst in die Hose.

Inzwischen waren dunkle Wolken aufgezogen und ich steckte meine Sonnenbrille, ein Geschenk meiner Frau, in die Jackentasche zurück. Rolf Lehmann hatte sich etwas beruhigt und war bereit, unsere Fragen zu beantworten. Er schilderte uns folgenden Ablauf des Geschehens:

»Ich bin nicht gerade der beste Schüler und schon gar kein Mathegenie. Da wir nächste Woche die Matheabschlussprüfung haben und ich nicht durchrasseln wollte, suchte ich nach jemandem, der mir Nachhilfe geben würde. Ich habe in der Schule von Kumpeln erfahren, dass Sven ein sehr guter Schüler in Mathematik wäre. Da dachte ich, vielleicht kann er mir bei den Vorbereitungen für die nächste Woche anstehende Arbeit helfen. Von Mitschülern wusste ich, dass er in diesem Haus wohnt. Also machte ich mich heute Mittag auf die Socken, in der Hoffnung, ihn anzutreffen. In der Schule hatte ich ihn nämlich nicht gesehen. Ich war froh über meinen Entschluss, denn sonst bin ich eher der verschlossene Typ, der seine Schwächen ungern zeigt. Ich drückte auf die Klingel und hoffte, dass Sven zu Hause wäre. Plötzlich ging alles sehr schnell. Ein unbekannter Mann riss die Tür auf, zerrte mich in den Flur und bedrohte mich mit einem Messer. ›Wenn du schreist oder Mätzchen machst, töte ich dich‹, flüsterte er. Ich hatte eine Mordsangst und war wie gelähmt. Er hat mich ins Schlafzimmer gezerrt und auf das Bett geschmissen. Dann hat er mich gefesselt. Aus lauter Schiss ließ ich alles ohne Widerstand mit mir geschehen.« Er unterbrach die Schilderung des Tatvorgangs und blickte zu Boden.

»Erzähl weiter, Rolf«, forderte Charly ihn auf.

Ich beobachtete, wie der Junge seine Hände faltete, die Finger wieder trennte und das Spiel von vorn begann. Charly blickte mich kurz an und nickte. Was so viel bedeutete wie: »Der ist aber ganz schön nervös.«

Rolf holte tief Luft und fuhr mit der Geschichte fort:

»Ich lag wie ein Paket verschnürt im Bett, bekam schlecht Luft und roch den Duft von Köhlers frisch gewaschener Bettwäsche. Ich hörte den Mann in den anderen Zimmern rumoren. Es klang nach Möbelrücken und Schubladenaufziehen. Mir war, als wenn er etwas suche. So ging das eine ganze Zeitlang. Plötzlich war es still, und ich hörte, wie jemand an der Wohnungstür schloss. Da war mir klar, jetzt ist die Sache überstanden. Dann hörte ich mehrere Stimmen vor der Wohnungstür, und plötzlich standen Sie vor mir und befreiten mich. Gott sei Dank.«

Du kleiner Lügenbold, dachte ich. *Uns verarscht du nicht. Da musst du schon früher aufstehen.* Ich wusste zwar noch immer nicht, wie alles zusammenhing, aber ich war mir sicher, es gab keinen zweiten Mann. Aber wer hatte Rolf gefesselt? Steckte vielleicht sogar Sven als Mittäter dahinter?

»So war das also, Rolf?« Meine Frage hatte ich so beiläufig wie möglich gestellt und Rolf dabei beobachtet.

Die Reaktionen eines Zeugen oder Verdächtigen sagen oft mehr über Wahrheit und Lüge aus als die gesprochene Antwort. Wieder faltete er die Hände und presste sie gegen die Knie. Er schaute kurz nach unten, als wollte er Zeit gewinnen, dann drehte er Charly den Kopf zu. Meinem Blick wich er aus. Kriminalisten sind zwar keine ausgebildeten Psychologen, aber im Fach Vernehmungstechniken sind wir gut geschult worden. Mich haben die menschlichen Reaktionen immer besonders stark interessiert und ich konnte mich recht gut auf meine Beobachtungsgabe verlassen. Und die verließ mich auch jetzt nicht.

»Ja, so war das.« Seine Stimme war kraftvoll, die Aussprache überdeutlich. Meinem Empfinden nach versuchte er so cool wie möglich zu erscheinen.

»Aha! Und wo soll der Unbekannte geblieben sein? Wir haben nur dich in der Wohnung angetroffen.«

»Was weiß ich denn, bin doch kein Detektiv. Vielleicht ist er aus einem Zimmerfenster auf den Hof gesprungen. Ist doch wohl Ihre Aufgabe, das herauszufinden. Sieht ja fast so aus, als glauben Sie mir nicht.«

Wir gingen ins Wohnzimmer, und tatsächlich, das Fenster war weit geöffnet. Theoretisch, aber auch praktisch hätte es so gewesen sein können, denn den Hof hatten wir nicht abgesichert. Warum auch, die Wohnung war im ersten Stock. Es wäre eine halsbrecherische Flucht des Unbekannten gewesen. Aber in der Kriminalistik ist alles möglich. Deshalb konnten wir diese Version nicht vollständig ausschließen. Vielleicht war es ein Sportler gewesen oder ein Artist.

Doch die Wahrscheinlichkeit sagte uns: *Der Typ lügt uns die Hucke voll und ist sich auch noch sicher, dass er mit seiner Geschichte durchkommt.* Charly und ich waren ein gutes Team. Das hatten wir in den letzten Monaten schon mehrmals bewiesen. Wir dachten beide ziemlich ähnlich, und trotzdem ergänzten sich unsere Beobachtungen und führten uns häufig sehr schnell zum Ziel. Zum Beispiel bei der Frau, die ihren Nachbarn wegen einer angeblichen Vergewaltigung angezeigt hatte. Alles sprach gegen den Mann. Ihr zerrissenes Kleid, Kratzer auf ihrer Brust und ihrem Bauch. Und sein Sperma hatten wir auch bei ihr gesichert. Alles, was sie aussagte, klang plausibel und war hieb- und stichfest. Nur ihr Gesichtsausdruck passte nicht zu ihren Anschuldigungen. Ihr Gesicht strahlte Zufriedenheit aus und ihre Augen leuchteten, als hätte sie einen Sieg errungen. Charly hatte dasselbe an ihr beobachtet, so dass wir sie noch einmal richtig in die Zange nahmen. Schließlich stellte sich heraus, dass die beiden zwar Sex miteinander gehabt hatten, er aber seine Frau nicht verlassen wollte. Das hatte sie so verletzt, dass sie ihm eine Vergewaltigung anhängen wollte. So konnten wir einen Unschuldigen vor dem Gefängnis bewahren.

Charlys Blick bedeutete mir, mit ihm nach draußen zu kommen. Im Flur fragte er mich, wie wir weiter vorgehen wollen. Er war genau wie ich von der Schuld des Jungen überzeugt. Aber, verdammt noch mal, da gab es die perfekte Fesselung. Wie hatte er das geschafft? Das war das größte Rätsel bei dieser Tat.

Um ganz sicherzugehen, ließ ich über den Funkwagen einen Fährtenhund anfordern. Der Jugendliche sollte beeindruckt werden und sehen, dass wir alles versuchten, um die Sache aufzuklären.

Eine Stunde später schnupperte Ali, mein persönlicher Lieblingshund, an meiner Hand. Der Fährtenhund mit dem damals noch sehr ungewöhnliche Namen und ich kannten uns bereits von mehreren Einsätzen her. Ali hatte Augen, die mir das Herz erweichten, und am liebsten hätte ich ihn jedes Mal mit einem Leckerchen belohnt. Aber Hundeführer Kriminalobermeister Dieter Kreide war strikt dagegen. Schließlich war es sein Hund, und nur er dürfe ihn belohnen, weil Ali sonst durcheinanderkäme.

Dieter Kreide setzte den Hund im Hof unter das offene Fenster der Tatwohnung und ließ ihn schnuppern. Erwartungsgemäß nahm er keine Spur auf. Er drehte sich ein paarmal im Kreis, und das war es auch schon.

Als wir Rolf Lehmann damit konfrontierten, meinte er besserwisserisch, das läge wohl am Hund. Der sei vielleicht überreizt oder habe das falsche Fressen bekommen. Jetzt hatten wir die Nase gestrichen voll und verließen mit ihm die Wohnung. Ich fuhr mit ihm zum Revier, während sich Charly auf den Weg zur Wilhelm-Pieck-Oberschule begab, um von Lehrern und Schülern mehr über den Jungen zu erfahren.

Polizeihund Ali mit Hundeführer
Kriminalobermeister Dieter Kreide

Auf dem Polizeirevier angekommen, trank ich erst einmal eine halbe Flasche Selters aus. Die Hitze und die Schwüle hatten mir mächtigen Durst bereitet. Hinterher gleich noch einen Kaffee und eine Zigarette.

Rolf Lehmann bekam ebenfalls ein Wasser. Da wir auf dem Revier keine eigene Spurensicherung und keinen Erkennungsdienst hatten, nahm ich ihm die Fingerabdrücke selbst ab. Hatte ich schließlich alles in meiner Ausbildung gelernt. Ich erklärte ihm den Grund für diese Maßnahme. Weil wir Vergleichsfingerabdrücke von allen Personen brauchten, die sich in der Wohnung aufgehalten hatten. Zum Abschluss der erkennungsdienstlichen Behandlung fragte ich ihn, ob er gesehen habe, ob der Unbekannte Handschuhe getragen hatte. Darauf antwortete er mit einem Achselzucken und blickte mich dabei nicht einmal an.

Als ich gerade mit der Vernehmung fortfahren wollte, steckte Charly seinen Krauskopf durch die Tür und winkte mir zu. Da wir, wie schon gesagt, ein gut eingespieltes Team waren, kannte jeder die Körpersprache des jeweils anderen. Ich verließ das Zimmer und ließ Rolf Lehmann, von Kriminalmeister Michael Ende bewacht, zurück.

Kaum war ich auf dem Flur, fing Charly auch schon an zu reden. So aufgeregt hatte ich ihn noch nie erlebt.

»Mensch, Berndt, stell dir vor, was ich erfahren habe. Da kommst du nie drauf. Es ist der Hammer. Ich sage dir, das ist die Wende in unserem Fall. In der Schule habe ich Schüler und Lehrer angetroffen, die einiges über unser ›Opfer‹ sagen konnten. Das Wichtigste zuerst: Er hat keinen guten Leumund. Von den schulischen Leistungen mal ganz abgesehen. Ehrlichkeit ist auch nicht unbedingt seine Stärke. Er hat schon Mitschüler beklaut. Keine großen Sachen, aber man geht davon aus, dass er auch noch für die ungeklärten Diebstähle infrage kommt. Verstehst du, der Junge ist nicht sauber. Auch in seinem Elternhaus soll zurzeit nicht gerade Harmonie herrschen. Die Eltern stehen kurz vor der Scheidung.« Charly lehnte sich mit dem Rücken an die Wand und grinste. »Glaub bloß nicht, dass das schon alles ist. Das Schärfste habe ich mir bis zum Schluss aufgehoben. Kennst mich ja. Jede Rede muss mit einem Paukenschlag enden. Einige Schüler erzählten mir nämlich, dass Rolf eine besondere Begabung hat. Er kann sich selbst kompliziert fesseln und sich auch wieder selbst befreien. Das hat er ihnen mehrmals nach Schulschluss auf dem Kissingensportplatz vorgeführt. Jetzt bis du dran und kannst mich ruhig ein bisschen loben.«

Erst mal blieb mir die Spucke weg. Mit so einem Ergebnis hatte ich nun wirklich nicht gerechnet.

»Ja, Charly, prima Arbeit. Der Junge ist ein Entfesselungskünstler. Damit ist alles klar. Trink in Ruhe eine Tasse Kaffee und rauch eine Zigarette. Das hast du dir verdient. Ich werde jetzt gleich mit der Zeugenvernehmung aufhören und ihn als Beschuldigten vernehmen. Der wird sich aber wundern.«

Zurück im Vernehmungszimmer führte ich Rolf Lehmann vor Augen, dass er von nun an unter Tatverdacht stünde, und klärte ihn über seine Rechte auf. Das heißt, als Verdächtiger hätte er das Recht zu schweigen. Aber alles war er von nun an sagen würde, könnte gegen ihn verwendet werden. Er schaute mich verständnislos an und schwieg. Genauso hatte ich mir seine Reaktion vorgestellt.

Einige Minuten später stieß Charly die Tür auf und setzte sich seitlich des Verdächtigen an den Tisch. Rolf Lehmann war zwar nicht dumm, aber er hatte keine Polizeierfahrung. Und so verwickelte er sich nach anfänglichem Leugnen in immer größere Widersprüche. Charly und ich wechselten uns im schnellen Tempo mit den Fragen ab. Wie hatte der Fremde ausgesehen? Wie lange war er in der Wohnung gewesen? Woher hatte er die Schnüre gehabt?

Bei der letzten Frage machte der Siebzehnjährige den ersten Fehler und merkte es noch nicht einmal. Er erzählte uns nämlich, dass der Fremde die Schnüre aus einer Schublade im Küchenschrank geholt hatte. Aha! Woher wusste Lehmann das? Vom Schlafzimmer aus hatte er keinen Blick in die Küche gehabt. Als Charly ihn darauf aufmerksam machte, versuchte er das mit Übermüdung zu erklären, merkte aber schnell, dass wir darauf keine Rücksicht nahmen. Doch immer noch behauptete er, das Opfer zu sein.

Seine Arroganz war allerdings schnell gebrochen, als ich

ihm erzählte, dass wir von seinen Fesselungskünsten wüssten. Sein Kartenhaus brach mit einem Schlag zusammen. Das hatte er schnell begriffen, so dass es nun für uns leicht wurde, den genauen und wahren Tatablauf von ihm zu erfahren.

Vor uns saß nun ein frühreifer Junge, der geglaubt hatte, ein geniales Ding drehen zu können. Ein Halbstarker, der kläglich gescheitert war. Die Familienverhältnisse zerrüttet, die schulischen Leistungen unterirdisch. Wenige Freunde, kaum Anerkennung. Vom Einbruch hatte er sich Bargeld erhofft und Gegenstände, die er verkaufen konnte. Er hatte sich vorgestellt, vielleicht ein Moped davon zu kaufen, um den anderen in der Schule zu imponieren.

Ziemlich erschöpft schilderte er uns ausführlich, wie er zu dem Wohnungsschlüssel von Sven Köhler gekommen und wie bei ihm der Gedanke gereift war, mit den Originalschlüsseln in die Wohnung zu gehen. Da er anfangs nicht gewusst hatte, wem das Schlüsselbund gehörte, spitzte er seine Ohren. Doch ohne Erfolg. Dann sah er am nächsten Tag einen Zettel am schwarzen Brett: »Schlüssel verloren. Bitte bei Sven Köhler oder im Schulsekretariat abgeben.«

Noch am selben Tag lauerte er nach Schulschluss Sven auf und folgte ihm unbemerkt bis zu seinem Wohnhaus. Nun wusste er, wo er hinmusste, um seinen Plan zu verwirklichen. Am Tattag ging er nicht zur Schule, um schon am späten Vormittag in die Wohnung von Sven einzudringen. Bevor er die Tür aufschloss, überzeugte er sich durch Klingeln an der Wohnungstür, dass niemand zu Hause war. Alles blieb ruhig und still. Vorsichtig steckte er den Schlüssel ins Schloss und drehte ihn langsam um. Sekunden später betrat er die fremde Wohnung.

Zuerst ging alles gut. Geräuschlos durchsuchte er Zimmer um Zimmer. Er fand ein bisschen Bargeld im Küchenschrank und vierhundert Mark versteckt zwischen der Wäsche. Dann ging alles schief. Nach seinen Angaben war er höchstens fünfundzwanzig Minuten in der Wohnung, als er an der Wohnungstür Geräusche hörte. Es war Sven Köhlers Stimme. Er stand vor der Tür!

Bei seinen weiteren Schilderungen wurde uns klar, dass Rolf Lehmann nicht nur der »verlorene« Jugendliche war, sondern auch jede Menge kriminelle Energie besaß. Blitzschnell erfand er den unbekannten Einbrecher, der sich schon vor ihm in der Wohnung befunden hatte. Um seine Geschichte noch zu untermauern, fesselte er sich selbst mit Schnüren, die er in der Küche gefunden hatte. Als Knebel nahm er sein eigenes Taschentuch. Sein Glück war, dass Sven Köhler im Hausflur einen Nachbarsjungen traf, mit dem er sich noch unterhielt. Ansonsten wäre sein Unternehmen gleich den Bach runtergegangen. Das auf dem Schulhof gefundene Schlüsselbund warf er vor seiner Selbstfesselung aus dem geöffneten Wohnzimmerfenster in den Hof. Dort fanden es Kollegen am folgenden Tag zwischen den Büschen.

Wir hatten jetzt Rolf Lehmanns unterschriebenes Geständnis, aber immer noch war uns nicht klar, wie ein Mensch es schaffte, sich so zu fesseln, dass es für andere echt aussah. Um unsere Ermittlungen abzuschließen, baten wir ihn, uns das einmal vorzuführen. Charly holte ein paar Seile aus der Asservatenkammer, und Rolf begann, uns das Kunststück zu zeigen. Er tat es sogar mit einem gewissen Stolz. Er drehte sich nach links, nach rechts, beugte sich nach vorn, zog die Schnüre durch die Beine. Innerhalb von zwei Minuten hatte er sich die Fesseln angelegt. Die Leistung war erstaunlich.

Gegen zwanzig Uhr waren wir mit allem fertig und brachten Rolf Lehmann zu seinen Eltern. Voraussetzungen für einen Haftbefehl lagen nicht vor. Er war geständig und hatte einen festen Wohnsitz.

Am folgenden Tag übergaben wir Anzeige, Beschuldigten- und Zeugenvernehmung von Sven Köhler und Frau Maus sowie Tatortuntersuchungsprotokoll an unsere Kollegin Leutnant Karin Büttner, zuständig für Straftaten von Jugendlichen. Bei ihr war das Verfahren in guten Händen. Ich hatte schon mehrmals mit ihr zu tun gehabt und schätzte sie als kompetente und einfühlsame Kollegin. Aber auch als eine Beamtin, die sich nicht durch Mitleid beeinflussen lässt.

Das Strafmaß ist mir nicht mehr in Erinnerung. Mit hoher Wahrscheinlichkeit gab es eine Bewährungsstrafe. Rolf Lehmann hat die Oberschule jedenfalls erfolgreich abgeschlossen und einen Beruf erlernt. Seine kriminelle Karriere hat er nicht fortgesetzt, dafür aber dem Alkohol recht heftig zugesprochen. Aber auch die Alkoholsucht überwand er später erfolgreich.

Wir sind uns sogar noch einige Male begegnet. Er war oft Zuschauer auf dem Kissingensportplatz, wenn ich mit meiner Fußballmannschaft BSG Motor Pankow (später FSV Fortuna Pankow) Heimspiele hatte. Er erkannte mich und ich ihn auch. Allerdings ist es stets beim Augenkontakt geblieben. Wir haben nie mehr ein Wort gewechselt.

Das Besondere an diesem Kriminalfall war die Handlungsweise des Täters zur Verschleierung der Tat. Insbesondere die Selbstfesselung, die in der Kriminalistik eine seltene, aber beachtenswerte Handlung darstellt: »Selbstfesselung: kommt bei sexuellen Handlungen (Autoerotik), aber auch bei Vortäuschung einer Straftat (zum Beispiel vorgetäuschter Raubüberfall) vor« (Hunger / Dürwald / Tröger: *Lexikon der Rechtsmedizin*, Heidelberg 1993, S. 249).

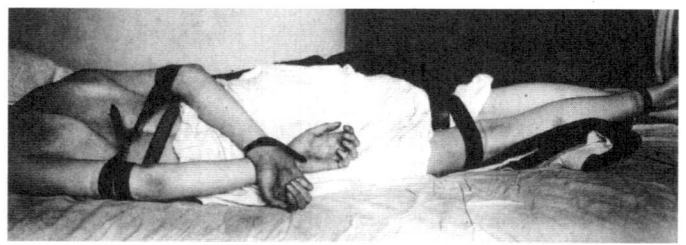

Selbstfesselung

Eine Verbrecherkarriere Ost-West

Manche Karrieren enden mit dem Vorstandsposten bei einem DAX-Unternehmen, andere mit dem Tod. Der eine, aus reichem Hause stammend, studiert, wird Chefarzt und Leiter einer Klinik. Der andere arm und eher für die schiefe Laufbahn geboren. Oder umgekehrt. Das Leben hat seine eigenen Spielarten, und Zufälle spielen oft eine große Rolle. So war es auch im Fall des siebzehnjährigen Roland K. Alles fing ganz harmlos an.

Ein Herbsttag 1970. Die Krankenhausstadt Buch mit fünf Kliniken, darunter der Robert-Rössle-Klinik der Akademie der Wissenschaften, Einfamilienhäusern und modernen Neubausiedlungen lag am nördlichen Rande von Berlin im Bezirk Pankow. Hier wohnten Ärzte, Wissenschaftler, Krankenschwestern und Pfleger. Der historische Ortskern war an den Wochenenden ein beliebtes Ausflugsziel der Berliner. Ein Spaziergang durch den Bucher Forst, durch den Schlosspark mit dem bunten Laub oder am Flüsschen Panke entlang, soll Körper und Geist beflügeln, sagte man.

Vorbei an Kaufhallen, HO-Gaststätten und der LPG mit dem zeittypischen Namen »Frohe Zukunft«. In den umliegenden Gaststätten hieß es oft – »Bitte warten. Sie werden in Kürze platziert«. Das Jägerschnitzel stand zwar auf der Speisekarte, dass es aber vorübergehend gerade nicht verfügbar war, wunderte niemand wirklich. Auch der Falsche Hase, auf den sich manch einer schon seit einer Woche gefreut hatte, war gerade ausgegangen. Dafür gab es Senfeier, Tote Oma, also Blutwurst mit Sauerkraut, oder Soljanka. Danach zur Abrundung noch ein Stück Apfelkuchen und ein Kännchen

Kaffee komplett. Es duftete nach Natur, die Auspuffgase der Trabis waren vergessen. Die Welt war wieder rund.

Krankenhausstadt Buch

An dem Sonntag, an dem meine Geschichte beginnt, hatten bereits fast alle Wochenendler die Idylle verlassen. Es war ruhig und schon fast dunkel. Nur auf dem S-Bahnhof Buch stritt sich ein Ehepaar. Er war voll des guten Bieres. Sie zu schwach, ihn aufrecht zu halten.

Ein junger Mann hockte gut versteckt hinter Strauchwerk und Bäumen. Obwohl tagsüber noch recht warme Temperaturen herrschten, war es jetzt doch ziemlich kalt. Er fror an den Füßen, denn Sandalen waren für diese Jahreszeit nicht mehr die richtigen Schuhe. Er bog die Zweige, die seine Sicht behinderten, vorsichtig auseinander und beobachtete zwei Jugendliche im Schlosspark.

Es waren Teenager von vielleicht sechzehn bis siebzehn

Jahren, und sie verhielten sich merkwürdig. Vorsichtig blickten sie sich nach allen Seiten um. Den jungen Mann entdeckten sie dabei nicht. Der Kleinere der beiden kniete sich auf den Boden und legte ein Kuvert unter einen Stein. Danach klopfte er sich den Waldboden von den Händen an seiner Hose ab. Sie blieben noch kurze Zeit stehen, dann verließen sie gemeinsam den Park, nicht ohne sich alle paar Schritte noch einmal umzudrehen.

Inzwischen war es dunkel geworden, und die Laternen im Park ließen die Umrisse der Bäume nur noch schemenhaft erkennen. Der Mond hatte sich an den dunklen Wolken vorbeigeschoben und beleuchtete die Parkszenerie. Lautlos floss die Panke dahin. Der versteckte Beobachter schaute den Jugendlichen hinterher und verweilte noch einige Augenblicke hinter den Büschen. *Sicher ist sicher,* sagte er sich. Und vorsichtig musste er sein, denn wenn sein Plan misslang, war er aufgeschmissen. Nach gründlicher Beobachtung der Umgebung verschwand auch er. Eigentlich hatte er vorgehabt, gleich nachdem die Jugendlichen weg waren, nachzuschauen, was sich im Kuvert unter den Stein befand. Doch nun erschien ihm das Risiko zu hoch. Sein Gefühl, dass die beiden vielleicht irgendwo lauerten und nur darauf warteten, dass jemand käme, um das Hinterlegte abzuholen, riet ihm zu verschwinden. Er würde gegen Mitternacht wiederkommen.

Kurz vor zwölf schlich er sich wieder in den Schlosspark und ging in Richtung Stein. Würde das Erhoffte darunterliegen? Hatten die beiden Burschen seine Hinweise befolgt? Ganz sicher war er nicht, und seine Spannung stieg mit jedem Schritt, mit dem er sich der Stelle näherte. Es knackte. Der junge Mann erschrak und blieb stehen. Wagte kaum zu atmen. Erst als er merkte, dass er auf einen Ast getreten war, entspannte sich sein Körper. Noch drei Schritte, noch zwei, noch einer. Er bückte sich, seine Hand griff unter den Stein und seine Fingerspitzen fühlten den Umschlag. Hastig zog er ihn hervor und riss ihn auf.

Schlosspark Buch

Was er sah, ließ ihn erleichtert aufatmen. Es waren hundertfünfzig Mark im Kuvert. Sechs grüne Zwanziger und drei braune Zehner. Er grinste zufrieden und verließ den Park. Er hatte sein Ziel erreicht. Pfeifend lief er zwischen den Bäumen hindurch, bis er die Straße erreichte. Noch einmal schaute er sich nach allen Seiten um. Dann stieg er auf sein Rad und fuhr ohne Licht nach Hause. Der junge Mann war nicht dumm. Er begriff, dass er eine schwere Straftat begangen hatte. Das Strafgesetzbuch der DDR nannte seine Handlung im Paragraf 127 schlicht und ergreifend »Erpressung«:

»Wer einen Menschen rechtswidrig mit Gewalt oder durch Drohung mit einem schweren Nachteil zu einem Verhalten zwingt, um sich oder andere zu bereichern und dadurch dem Genötigten oder einem anderen einen Vermögensschaden zufügt, wird mit Freiheitsstrafe bis zu fünf Jahren oder mit Verurteilung auf Bewährung bestraft.«

Die Vorgeschichte der Erpressung ist schnell erzählt. Der junge Mann hieß Roland K., war achtzehn Jahre alt und Schlosserlehrling im ersten Jahr in einem volkseigenen Betrieb (VEB). Vor Beginn der Lehre hatte er die Polytechnische Oberschule in Berlin-Buch besucht und mit der zehnten Klasse abgeschlossen. Nach wie vor hatte er engen Kontakt zu seinen ehemaligen Mitschülern, aber auch zu Jugendlichen, die immer noch die POS besuchten. Es war eine Clique aus sechs Jugendlichen beziehungsweise jungen Erwachsenen:

Roland K., achtzehn Jahre alt (Lehrling)

Wolfgang T., siebzehn Jahre alt (Lehrling)

Martin L., achtzehn Jahre alt (Lehrling)

Peter A., neunzehn Jahre alt (Hilfsarbeiter)

Sven P., sechzehn Jahre alt (Schüler der POS)

Torsten M., siebzehn Jahre alt (Schüler der POS)

Die Gruppe traf sich regelmäßig in unterschiedlicher Zusammensetzung nach Schul- beziehungsweise Arbeitsschluss an verschiedenen Orten in Berlin-Buch. Mal im Bucher Wald, ein anderes Mal an der Panke oder im Jugendklub Berlin-Karow, eine S-Bahnstation vom Berlin-Buch entfernt. Die jungen Leute tranken regelmäßig Alkohol, zwar nicht im Übermaß, aber doch so oft, dass sie manchmal unangenehm auffielen. Aufgrund ihres lautstarken Auftretens und einiger Pöbeleien bekamen sie im Jugendklub Hausverbot. Daraufhin trafen sie sich in einem zerfallenen Haus am Rande des Ortes.

Die Ruine war von nun an ihr beliebtester Treffpunkt. Sie maßen sich im Wettstreit, wer den schwersten Stein heben konnte oder wer Sieger im Armdrücken wurde. Hier konnten sie sich austoben, ohne dass ein drohender Zeigefinger sie ermahnte. Oft war Roland der Erste vor Ort, denn er fühlte sich inzwischen als Anführer der Gruppe.

Ihre Treffs waren eigentlich ohne konkreten Inhalt. Einfach nur so. Doch mehr und mehr spürten sie das Verlangen nach materiellen Dingen. Sie wollten Moped oder Motorrad fahren, schicke Klamotten tragen und Bargeld in der Tasche haben. Für jeden in der Gruppe ein im Moment unerreichbares Ziel. Waren es am Anfang noch Träumereien, wurden sie im Laufe der nächsten Wochen jedoch konkreter.

Roland K. war zwar nicht der Älteste in der Clique, genoss aber den größten Respekt. Er konnte die schwersten Steine bis über den Kopf heben und galt als stärkster Mann der Clique. Wenn er redete, hatten die anderen ruhig zu sein. Sein Spruch: »Wenn der Kuchen spricht, haben die Krümel zu schweigen.« Roland K. spürte und genoss die Macht, die er besaß, wenn er befahl und die anderen nach seiner Pfeife tanzten.

Das war der Augenblick, in dem seine kriminelle Energie Flügel bekam und er seinen Freunden erklärte, wie sie alle rasch zu Geld kämen, und ihnen in schillernden Farben ausmalte, was sie sich alles davon leisten könnten. Und auch, dass die Mädels sich um jeden Einzelnen von ihnen reißen würden. Einige zaghafte Einwürfe seiner Kumpel strich er mit einer wütenden Handbewegung fort. Wer zu feige sei, solle es nur sagen, äußerte er erregt. Alle schwiegen. Denn wer wollte schon ein Feigling sein?

Roland stellte sich auf einen Felsvorsprung und erklärte von oben herab, was er vorhabe. Er sprach von der Superidee, die alle reich machen würde. Man kannte doch die finanziellen Verhältnisse der meisten Schüler der POS in Buch und auch ihre Schwächen. Warum sollte man daraus kein Kapital schlagen?

Zum Beispiel in der Schule. Die kleinen Betrügereien bei Klassenarbeiten, die Spickzettel unter dem Tisch und das Austauschen von Antworten auf dem Klo. Oder die schweinischen Zeichnungen und Schmierereien an den Toilettenwänden oder dass zwei Schüler aus Wut über schlechte Zensuren ihrem Russischlehrer das Fahrrad geklaut und in die Panke geworfen hatten. Es gab Verfehlungen, die weder Eltern noch Lehrer wissen durften und die man zu Bargeld machen konnte. Schließlich hätte die Mafia auch mal so angefangen. Das habe er im Westfernsehen gesehen. Man könnte diese Schüler dazu bringen, Schweigegeld zu zahlen. Mit dieser Masche wäre eine Menge Geld zu machen.

Roland erklärte sich auch dazu bereit, die ausgespähten Schüler mit verstellter Stimme anzurufen und ihnen zu drohen. Er schlug vor, die Höhe des Schweigegeldes je nach den Tatumständen zwischen dreißig und hundert Mark anzusetzen. Wenn der Betrag zu niedrig wäre, hätten sie nichts davon. Wäre die Summe zu hoch, könnten die Schüler das Geld vielleicht nicht auftreiben. Seine Devise war: Klein-Klein mache schließlich auch Mist. Auch würde er den Ablageort des Geldes bestimmen, doch beim Abholen müssten sie sich abwechseln und immer zu zweit sein. Einer, der das Gelände beobachtete, während der andere das Geld holte.

Jeder in der Gruppe nickte. Alle waren einverstanden. Man war in Feierlaune, holte einen Kasten Helles und stieß auf die geniale Idee an.

Zehn Tage nach dem Treffen floss das erste Geld. Das dicke Kurtchen drückte fünfzig Mark ab, damit niemand erfuhr, dass er es gewesen war, der ein erigiertes Glied in den Lehrertisch geschnitzt hatte, und ihm dabei vor Aufregung die Messerspitze abgebrochen war. Lehmann, der Neunmalkluge, den niemand in der Klasse leiden konnte, drückte einen Hunderter dafür ab, dass über seine Homosexualität geschwiegen wurde.

Die Erpressungen liefen besser als geplant, und innerhalb der nächsten zehn Tage kamen fünfhundert Mark in die Gemeinschaftskasse. Jedes Bandenmitglied wurde mit fünfzig Mark belohnt, der Rest für »Notfälle « aufgehoben.

Bei einem der nächsten Treffen kam Torsten auf die Idee, sich mal in den Wohnungen des medizinischen Personals »umzusehen«. Alle lachten über den gelungenen Scherz. Jeder wusste, dass »umsehen« lediglich ein anderer Begriff für einbrechen war. Erfahrung in solchen Dingen hatte keiner. Doch jeder war bereit, sich darauf einzulassen. Ärzte, Krankenschwestern, Pfleger und Wissenschaftler verdienten schließlich gut. Da musste doch was zu holen sein. Bargeld, Schmuck, Bekleidung und vielleicht sogar ein paar Antiquitäten. Das alles konnte man doch gut zu Geld machen. Er wisse, sagte Torsten, dass ein Arzt eine wertvolle Geige aus dem 18. Jahrhundert in der Wohnung aufbewahre. Die wäre bestimmt einige Tausender wert. Und wie er gehört habe, läge sie ungesichert in einer Glasvitrine.

Rolands kriminelle Gedanken nahmen immer konkretere

Formen an. Die Aussicht, bald im Geld zu schwimmen, löste bei allen große Euphorie aus. Sie planten, fertigten Skizzen von den Tatorten an. Ein Teil von ihnen besorgte das benötigte Einbruchswerkzeug. Die anderen kundschafteten die Wohnungen aus. Wann waren die Bewohner zu Hause, wann stand die Wohnung leer?

Nach vier Wochen wussten sie über jeden einzelnen Bescheid. Man kannte sich mit jedem Opfer aus. Roland K. wohnte mit den Eltern und seinem vierzehnjährigen schulpflichtigen Bruder in einer Dienstwohnung. Die Mutter war Stationsschwester im Klinikum, der Vater arbeitete als Ingenieur in einem volkseigenen Betrieb. Sie wohnten schon seit über fünfzehn Jahren hier und waren im Klinikum als ehrlich, fleißig und rechtschaffen bekannt. Auch über Roland war bis zu diesem Zeitpunkt nichts Nachteiliges zu sagen. Mal abgesehen von den üblichen Entwicklungsstörungen und Disziplinlosigkeiten in diesem Alter.

Das Revier 285 in Berlin-Buch

Fast zeitgleich zu diesen Ereignissen begann ich meine Arbeit im Revier 285 in Berlin-Buch. Die Polizeistation lag in einer kleinen, sehr ruhigen Straße, unser Büro bestand aus zwei Zimmern, mit Tapeten, die vor zwanzig Jahren einmal geklebt worden waren. Wir arbeiteten zu zweit an zwei Schreibtischen mit zwei Telefonen.

Pünktlich zum Frühdienst um 7.50 Uhr betrat ich das Revier. Seit zwei Monaten war ich hier als Kriminalist tätig. Im Sommer des Jahres hatte ich eine einjährige Kriminalassistentenausbildung in Potsdam erfolgreich abgeschlossen und ein vierjähriges Fernstudium an der Offiziersschule des MdI (Ministerium des Inneren) in Aschersleben, Fachrichtung Kriminalistik begonnen. Mein Vorgesetzter war Leutnant Hans »Hanne« Kröger. Wir waren beide verantwortlich für die Aufklärung aller Straftaten durch Unbekannte im Bereich Buch, Karow und Blankenburg. War der Täter bei der angezeigten Straftat bekannt, übernahm die Kriminalpolizei der Inspektion (damals höchste Polizeibehörde eines Stadtbezirkes) die Bearbeitung. Ausgenommen waren Mord, Totschlag, schwere Brandstiftung und ähnliche Verbrechen. Hier ermittelte die Kriminalpolizei des Präsidiums am Alexanderplatz. Doch es konnte auch vorkommen, dass bei einigen Taten die Revierkriminalpolizei vor Ort war und bei den ersten Ermittlungen hinzugezogen wurde. In Fachkreisen nannte man das den ersten Angriff.

Nach kurzer Begrüßung erklärte mir Leutnant Kröger:

»Berndt, wir müssen schnell ausrücken. Drei Wohnungseinbrüche durch unbekannte Täter. Die waren heute Nacht mal wieder richtig fleißig.«

Hans Kröger war ein erfahrener Dienststellenleiter mit Sachverstand für zwei. Er dachte schnell, präzise und zog die richtigen Schlüsse. In meiner Zeit in Buch habe ich von ihm jede Menge lernen dürfen. Er verständigte schließlich noch den Kriminaltechniker der Inspektion, denn drei Einbrüche waren zu viel für uns.

Um halb neun waren wir am ersten Tatort. Klinikgelände, Teil I, Wiltbergstraße. Es handelte sich um die Wohnung eines Stationsarztes aus dem Klinikum. Er stand schon vor seiner Wohnungstür und erwartete uns. Der zuständige ABV war ebenfalls anwesend und hatte bereits für die Tatortsicherung gesorgt, eine der wichtigsten Maßnahmen vor Ort. Würden hier Fehler begangen, wäre die Aufklärung infrage gestellt. Eine uralte Kriminalistenregel, die jeder Anfänger gleich am Anfang seiner Ausbildung lernt. Wird dagegen verstoßen und latscht etwa jemand durch das Geschehen, haben die Spurensicherer eine Menge mehr Arbeit und sind entsprechend verärgert über den Verursacher. Um dem Zorn der »Spusi«, wie man heute sagt, zu entgehen, mussten dann schon ein paar Biere lockergemacht werden.

Als ich vor der Dreiraumwohnung im dritten Stock ankam, atmete ich erst einmal tief durch und nahm mir vor, wieder mehr Sport zu treiben. Dann sah ich, dass die Täter die Wohnungstür aufgehebelt hatten. Die Spuren waren eindeutig.

Der Wohnungsinhaber, Stationsarzt Artur R., hatte beim Bemerken des Einbruchs umsichtig gehandelt. Er hatte nur kurz seine Wohnung betreten und dann, ohne auf eventuell gestohlene Gegenstände zu achten, die Polizei verständigt. Ich lobte ihn dafür mit den Worten:

»Das haben Sie sehr gut gemacht, Herr Doktor, und völlig richtig gehandelt.«

»Na ja, ich schaue nun mal gerne Krimis und passe auf,

wie die Arbeit von den Kommissaren erledigt wird.« Der Arzt lachte.

Seine Antwort gefiel mir, obwohl ich sagen muss, dass in Filmen oft ganz anders gehandelt wird als im wirklichen Leben. Im Film gehorcht alles einer bestimmten Logik, und in neunzig Minuten ist der Fall geklärt. In der Realität dagegen braucht es manchmal Wochen, Monate oder Jahre. Und wenn es ganz dumm läuft, wird der Fall nie aufgeklärt. Und das hinterlässt bei einem guten Kriminalisten ein Gefühl des Versagens.

Doch dass der geschädigte Arzt genau richtig gehandelt hatte, ermöglichte meinen Kollegen, sich vorsichtig umzuschauen, bis die Kriminaltechniker kamen. Ich selbst machte mich gleich nach Besichtigung zum zweiten Tatort auf. Der war ebenfalls im Klinikum Buch, Teil I und nur zwei Minuten entfernt. Auch hier war die Tür aufgehebelt. Doch dieser Wohnungsinhaber hatte sich leider anders verhalten als der Doktor und gleich nach seinen Wertgegenständen und nach seinem Bargeld gesucht. Damit hatte er mit Sicherheit ein paar wertvolle Spuren verwischt. Aber so ist es oft. Die Geschädigten denken in ihrer Aufregung nicht daran, alles so zu lassen, wie es war. Der dritte Tatort, eine Parterrewohnung im Klinikum, Teil II, in der Karower Chaussee ergab nach der Auswertung aller Informationen, dass die Begehungsweise der drei Straftaten fast identisch war. Die genaue Auswertung würde am späten Nachmittag auf dem Polizeirevier 285 erfolgen.

Der erst gegen zwölf Uhr eingetroffene Kriminaltechniker Leutnant Joachim Weinhold suchte in den Wohnungen zwei und drei akribisch nach Spuren. Am ersten Tatort hatten mein Kollege und ich bereits die Spurensuche und -sicherung vorgenommen. Das Gesamtergebnis war nicht sehr erfolgversprechend. Es gab einige daktyloskopische Spuren (Fingerabdrücke) und auch trassologische Spuren (Schuhabdrücke und Werkzeugspuren). Die Täter hatten vermutlich mit Stemmeisen und Schraubendreher gearbeitet. Diese Spuren waren für eine vergleichende Untersuchung jedoch gut geeignet. Bei den Fingerabdrücken musste man davon ausgehen, dass sie eventuell von den Wohnungsinhabern und deren Freunden stammten – später wurde diese Vermutung bestätigt.

Bei den Umgebungsermittlungen im unmittelbaren und mittelbaren Tatortbereich wurden keine brauchbaren Hinweise erbracht. Wir nannten diese Arbeit »Klinkenputzen«, was nichts anderes bedeutete, als dass wir in allen umliegenden Häusern Stockwerk für Stockwerk alle Mieter befragen mussten. Ziemlich mühsam, doch äußerst gesund. Der einzige Lichtblick an dieser Arbeit war, dass uns hin und wieder mal eine hübsche Frau die Tür aufmachte. Auch Kriminalkommissare sind eben nur Männer.

Gegen neunzehn Uhr saßen wir alle noch einmal zusammen, ordneten die bisherigen Unterlagen und bereiteten uns gedanklich auf den Feierabend vor. Ich hatte meine Brotdose aufgeklappt und wollte das Mittagessen nachholen. Als ich in meine Schmalzstulle biss, flatterte eine Nachmeldung ins Revier, die unseren Feierabend in weite Ferne rückte. Zwei weitere Wohnungseinbrüche im Bereich des Klinikums Buch, Teil II, Karower Chaussee.

Somit hatten wir fünf Wohnungseinbrüche auf dem Tisch, die miteinander im Zusammenhang zu sehen waren. Für uns war klar: Hier waren Einbrecher am Werk, die gut vorbereitet und zielgerichtet arbeiteten. Die Analyse der Taten sagte uns, dass es zwei fast zeitgleich handelnde Gruppen mit mindestens vier Tätern sein müssten.

»Tja, Berndt, da müssen wir auf einiges gefasst sein«, meinte Leutnant Kröger. »Die waren so erfolgreich, die kommen bestimmt wieder. Davon bin ich überzeugt.«

Ich war zwar noch relativ neu in diesem Beruf, aber meine Ausbildung und mein gesunder Menschenverstand sagten dasselbe. Aber ich war auch davon überzeugt, dass die Einbrecher Fehler machen und wir sie schnappen würden.

»Ja, ja, doch so lange können wir nicht warten. Es herrscht jetzt schon eine erhebliche Unruhe unter dem medizinischen Personal in den Kliniken. Solche Sachen sprechen sich wie ein Lauffeuer in Buch herum. Du weißt ja, aus den fünf Einbrüchen werden schnell vermeintliche zehn oder sogar noch mehr. Dichtung und Wahrheit liegen oft dicht beieinander. Daran müssen wir unbedingt denken. Aber ich habe momentan auch noch keine konkrete Ermittlungsrichtung im Kopf«, fuhr er fort.

Ich schaute ihn ziemlich überrascht an. »Und einschlägig Vorbestrafte aus dem Revierbereich? Haben wir nicht ein paar in der Kartei?«, fragte ich nach.

»Weißt du, Berndt, was mich stutzig macht? Die Einbrüche sind zwar gut vorbereitet, aber die Vorgehensweisen an den Tatorten sagen mir, wir haben es mit verhältnismäßig jungen und unerfahrenen Tätern zu tun.«

Das Telefon klingelte, ein Kollege nahm den Hörer ab. Eine aufgeregte alte Dame wollte wissen, ob wir ihren Hund gesehen hätten. Der Kollege wollte uns nicht stören und zog das Telefon an der langen Strippe in den Flur.

»Na, sind dir aus deiner langjährigen Revierarbeit nicht ein paar Jugendliche oder junge Männer bekannt, die für diese Handlungen infrage kämen?« Mein Vorgesetzter setzte sich und stützte seinen Kopf nachdenklich auf seine gefalteten Hände.

Sieht irgendwie ziemlich hilflos aus, dachte ich.

»Nein, kenne ich nicht«, antwortete er stattdessen. »Ein paar Vorbestrafte könnten wir natürlich überprüfen. Das waren jedoch immer Einzeltäter. Na gut, warum sollen sich nicht einige zusammengetan haben?«

Damit begann die Ermittlungstätigkeit im Zusammenhang mit den bekannten Tätern aus der Kartei. Wir überprüften zwar einschlägig Vorbestrafte und klärten dabei auch drei Einbrüche auf. Aber das waren bisher nicht geklärte Taten in zwei Betrieben innerhalb unseres Zuständigkeitsbereiches und ein Wohnungseinbruch in Prenzlauer Berg. Doch »unsere« fünf Wohnungseinbrüche blieben weiterhin im Dunklen.

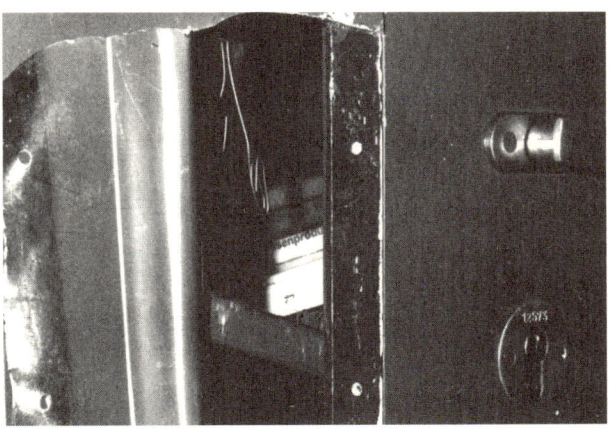

Aufgebrochener Stahlblechschrank im Büro der Klinikverwaltung

Vierzehn Tage später überschlugen sich die Ereignisse. Es war ein Montag Ende November 1970. Leutnant Kröger und ich trafen fast zeitgleich zum Dienstbeginn im Revier 285 ein. Wir wurden händeringend erwartet. Die Kollegen von der Schutzpolizei empfingen uns schon an der Tür mit den neuesten Meldungen. Vier weitere Einbrüche im Klinikum Buch, hieß es: Einbruch in eine Werkstatt, Einbrüche in zwei Dienstwohnungen sowie ein Einbruch in ein Büro der Klinikverwaltung.

Überall war erheblicher Sachschaden entstanden. Kaputte Türen und Schlösser, geknackte Wertschatullen, aufgebrochene Schränke, zerschlagene Scheiben an einer Vitrine. Sogar den Stahlwertschrank im Büro der Klinikverwaltung hatten die Einbrecher mit Gewalt aufgebrochen. Es herrschte ein übles Chaos in den Wohnungen und in den Büros. Es sah aus, als hätten sich ein paar Halbirre ausgetobt. Herausgerissene Schubladen, zerschlagene Gläser und überall auf den Böden lose Blätter und durcheinandergeworfene Aktenordner. Schutzpolizisten zu Fuß und eine Funkwagenbesatzung sicherten die Tatorte. Der Kriminaldauerdienst der Inspektion arbeitete noch an einem anderen Tatort.

Wir hatten viel zu tun. Als Erstes liefen wir die Tatorte ab, befragten Anwohner und fingen mit den Ermittlungen im näheren Umkreis an. Der Kriminaldauerdienst der Inspektion Pankow und der Kriminaltechniker Achim W. unterstützten uns dabei. Da alle vier Einbrüche über das Wochenende passiert waren, gab es wenig Zeugen. Das Büro hatte geschlossen und die Wohnungsmieter waren verreist. Ein weiterer Hinweis darauf, dass die Täter gut unterrichtet gewesen waren. Wir konnten zwar eine Reihe von Spuren sichern, aber die Fingerabdrücke konnten keinem bekannten

Täter zugeordnet werden. Sie waren nicht registriert. Doch eine Besonderheit gab es diesmal: Mehrere Täter trugen Lederhandschuhe.

Zu Handschuhspuren steht im *Kriminalistik-Lexikon*, Seite 139:

»... mit Handschuhen verursachte Abdruck-, seltener Eindruckspuren. Vielfach werden von Tätern zur Verhinderung daktyloskopischer Spuren (Fingerabdrücke) Handschuhe benutzt. In den Spuren können sich Ledernarbungen, Textilgewebe, Falten, Nahtstellen oder Profilgebilde widerspiegeln. Handschuhspuren ermöglichen sowohl eine Gruppen- als auch eine individuelle Identifizierung.«

Doch eine wichtige Erkenntnis gewannen wir: Mindestens ein Täter war bereits an den noch ungeklärten ersten fünf Wohnungseinbrüchen beteiligt gewesen. Das konnten die Spurensicherer anhand der Schuhspuren eindeutig feststellen. Und noch etwas ergaben unsere Ermittlungen: Obwohl Schmuck, Wertgegenstände und Kleidung geraubt wurden, lag das Hauptaugenmerk der Täter auf den Diebstahl von Bargeld. Die Gesamtanalyse ergab: Alle vier Einbrüche standen in unmittelbarem Zusammenhang mit den ungeklärten Einbrüchen Anfang November 1970. Die Vorgehensweise der Täter war dabei professioneller geworden, insbesondere das gewaltsame Öffnen der Kassetten, so dass wir mit Sicherheit davon ausgehen konnten, dass die Serie vorläufig nicht aufhören würde. Es sei denn, wir ziehen die Bande aus dem Verkehr.

Dann hatten wir etwas Glück. Bei den Ermittlungen in den Tatortbereichen erhielten wir einen wichtigen Hinweis. Zwei Anwohner sagten unabhängig voneinander das gleiche aus. Beide Zeugen, eine Frau und ein Mann, die mit ihren Hunden spätabends Gassi gingen, erzählten, sie hätten gegen ein Uhr nachts in der Nähe von zwei Tatorten drei verdächtige Personen gesehen. Trotz der ungünstigen Lichtverhältnisse waren sich beide Zeugen – sie gehörten zum medizinischen Personal – sicher, dass es männliche Jugendliche waren.

Diese Erkenntnis bestätigte unsere Version, dass es sich bei den Tätern um eine Jugendbande aus Berlin-Buch handeln könnte. Wahrscheinlich, so vermuteten wir, wohnten sie sogar in unmittelbarer Tatortnähe. Das würde auch ihre guten Ortskenntnisse und ihr schnelles Untertauchen nach den Taten erklären.

Die Spannung unter den Kollegen stieg von Tag zu Tag. Einige der Schutzpolizisten und auch der ABV legten sich sogar nachts auf die Lauer. Sie hockten hinter Büschen und Bäumen, warteten in Hausgängen oder gingen unauffällig spazieren. Doch ihre nächtlichen Einsätze waren vergeblich.

»Da ist der Wurm drin«, sagte der dicke ABV Erich K., der sogar seinen Urlaub verschoben hatte und einer der Eifrigsten bei den Nachteinsätzen war.

Obwohl die konkreten Hinweise dürftig waren, gab niemand von uns auf.

Roland K. war mit sich und seinen Leuten zufrieden. Sie zollten ihm Respekt und freuten sich über die beträchtliche Menge an Bargeld, die sie auf ihren Raubzügen erbeutet hatten. Der Schmuck, bestimmt sehr wertvoll, war für die Bande allerdings ohne große Bedeutung. Man teilte ihn zwar auf, aber jeder wusste, dass im Moment damit nichts anzufangen war. Den größten Teil der »Klunker« vergruben sie, um ihn später zu Geld zu machen. Die Jugendlichen waren viel zu neu im Geschäft und niemand von ihnen kannte einen Hehler.

Die Bande traf sich nun fast täglich und feierte ihre Erfolge. Roland ermahnte alle, sich mit dem Alkohol zurückzuhalten. Wer besoffen ist, der redet viel und verquatscht sich schnell. Da Rolands kriminelle Energie noch lange nicht erschöpft war und seine Kumpel sich noch viel von seinen Ideen versprachen, fügten sich alle.

»Leute«, sagte er oft, »wir müssen unbedingt ein ganz großes Ding durchziehen und richtig viel Geld erbeuten. Etwas, wovon man in Berlin und im ganzen Land spricht.«

Der Vorschlag kam bei allen gut an, denn sie hatten Blut geleckt. Drei von ihnen hatten inzwischen den Führerschein gemacht und jeder träumte von einem eigenen Auto und von Reisen in die sozialistischen Nachbarstaaten.

Bei einem der nächsten Treffen rückte Roland mit seinem Plan heraus. Die Sparkasse im Klinikum sollte es sein. Eine Zweigstelle der Sparkasse Berlin-Pankow, die extra für das medizinische Personal eingerichtet worden war. Die Wohnung seiner Eltern lag nur zweihundert Meter von dem Geldinstitut entfernt, sie hatten ihre Konten in dem langgestreckten Flachbau. Das graue Haus mit den dicken Gitterstäben vor jedem Fenster sah eher wie ein Gefängnis aus, und nicht wie eine Bank. Doch Roland stellte seinen Plan vorerst zurück. Zuvor wollte er noch ein paar andere Sachen drehen. Sozusagen als Übung für das große Ding.

»Bisher hat zwar alles ganz gut geklappt, doch die *Bullen* sollte man besser nicht unterschätzen«, mahnte er. »Aber sie haben«, verkündete er stolz, »nicht die geringste Ahnung von uns.«

Bevor er seinen Jungs die Einzelheiten des großen Plans

verriet, wollte er erst mal die Sicherungsmaßnahmen der Sparkasse erkunden. Wie waren die Türen gesichert? Was hatten sie für Schlösser? Konnte man durch ein Fenster einsteigen? Gab es eine Alarmanlage? Fragen, die unbedingt vorher noch zu klären waren.

Weihnachten stand vor der Tür. Es war kalt geworden. Es hatte geschneit und die Sonne schaffte es kaum noch, durch die Wolken zu brechen. Alles war grau in grau. Die einzigen Lichtpunkte waren die wenigen Weihnachtsbäume, die ein paar Optimisten in ihre Gärten gestellt hatten. Die roten, blauen und gelben Weihnachtskugeln schaukelten im eisigen Ostwind. Es waren Tage, an denen man am liebsten im Bett geblieben wäre. Familien streiften durch die umliegenden Wälder und sammelten Holz für ihre Öfen. Abends saß man dann gemütlich in der guten Stube oder traf sich zum Feierabendplausch in einer der Bucher Kneipen.

Meine Kollegen von der Schutzpolizei liefen und fuhren in den Abend- und Nachtstunden weiterhin Streife in den Straßen des Klinikums. Überall war Ruhe eingekehrt. Die Bucher sollten entspannt schlafen können. Nur hin und wieder trafen sie mal einen Bürger, der mit seinem Hund unterwegs war. Doch auch sie wollten schnell zurück ins Warme. Nur das Knirschen der schweren Polizistenstiefel unterbrach die Stille. Aus dem einen oder anderen Haus reichte man den Beamten ein Glas Tee zum Aufwärmen über den Zaun. Obwohl Polizisten auch in der DDR nicht zu den beliebtesten Bürgern gehörten, war nun doch jeder froh, dass es sie gab.

Weihnachten verlief ohne Zwischenfälle. Es gab nur wenige Tannenbaumbrände, und es schien, als würden sogar die Einbrecher Ferien machen.

Nach den Feiertagen, als die Geschenke alle ausgepackt waren, dämpfte der Schnee auf den Straßen die Schritte, und ein paar Mal ließ sich sogar die Sonne blicken. Kinder bauten Schneemänner mit roten Nasen, warfen mit Schneebällen und ärgerten die Erwachsenen. Auch eine Fensterscheibe ging dabei zu Bruch. Ein fast perfektes Idyll. Kaum jemand dachte mehr an die Einbruchsserie in Buch.

Doch dann schlugen die Einbrecher erneut zu. Am Montag nach dem letzten Wochenende des Jahres 1970 gab es neben den üblichen Anzeigen wegen Körperverletzung, Fahrrad- und Mopeddiebstahls sowie Bargeldentwendungen aus einer Kindertagesstätte und mehreren Krankenzimmern des Klinikums erneut drei Einbrüche. Wir konnten sie eindeutig der unbekannten Bande zuordnen.

Kiosk

Erstens brachen die Täter in einem Kiosk ein und entwendeten Spirituosen, Zigaretten und Süßigkeiten. Die Art und Weise des Aufbrechens der Kiosktür deutete auf die unbekannte Bande hin.

Zweitens wurde ein Büroeinbruch im Klinikum, Teil III in der Zepernicker Straße verübt. Auch hier wurde der Tatort, wie beim Einbruch im Klinikbüro, verwüstet und chaotisch hinterlassen. Es war der erste Einbruch im Teil III des Klinikums, der bisher von den Einbrechern verschont geblieben war. Die Beute: Bargeld in unbekannter Höhe. Auch hier wies die Anwendung der Werkzeuge auf die Bande hin.

Schließlich wurde wieder ein Wohnungseinbruch in eine Dienstwohnung im Teil II in der Karower Chaussee registriert. Die Geschädigten: ein Arztehepaar aus Kuba. Es fanden sich Handschuhspuren, die bei der Vergleichsuntersuchung in der Kriminaltechnik eine Übereinstimmung zu den gesicherten Spuren an den Tatorten im Teil I des Klinikums ergaben. Doch das war auch schon alles.

Wir wussten nun, dass es sich immer um dieselbe Bande handelte. Aber wer sie waren, davon hatten wir keinen blassen Schimmer. Es war wie verhext. Doch ein Kriminalist, der in solchen Momenten mutlos wird, hat schon verloren. Waren wir vom Revier 285 hoffnungslose Optimisten? Mit Sicherheit nicht. Unsere Mannschaft hatte trotz der Schwierigkeiten ihre Kampflust nicht verloren. Im Gegenteil, wir fühlten uns herausgefordert und wollten die Täter unbedingt hinter Gittern sehen. Denn bittere Realität und Optimismus schließen sich oft nicht aus.

»Es ist zum Mäusemelken, kein einziger brauchbarer Hinweis auf die Täter. Das gibt es doch nicht. Das habe ich in meiner fünfzehnjährigen Dienstzeit noch nie erlebt«, stöhnte Leutnant Hans Kröger. »Mensch Berndt, du bist doch frisch von der Polizeischule. Hast du keine zündende Idee?«

Doch ich musste ebenfalls passen. Mir gingen zwar oft die einzelnen Fälle durch den Kopf und ich spielte die Taten theoretisch neu durch, doch außer Wirrwarr und Kopfschmerzen kam im Augenblick nichts dabei heraus. Ich hoffte allerdings auf eine Blitzidee.

»Hanne«, erwiderte ich, »wenn wir nur einen einzigen Verdächtigen hätten, wäre das der Durchbruch. Ich bin mir sicher, dann kriegen wir die ganze Bande.« Ich war genau wie er davon überzeugt, dass die Täter trotz der Intensität und Häufigkeit ihrer Taten keine Erfahrung hatten und nicht vorbestraft waren. Es waren Neulinge mit einer Menge Anfängerglück. Ich war mir sicher, dass sie bald einen Fehler machen würden und dann hätten wir sie.

»So, so, sagt dir das dein Bauchgefühl oder dein Glaube?«

Ich schaute meinen Vorgesetzten an und glaubte in seinen Augen ein Lächeln zu sehen.

»Ja, mein Bauchgefühl und mein bisheriges Wissen. Weniger der Glaube«, erklärte ich.

Obwohl ich 1946 in der berühmten Gethsemanekirche in Prenzlauer Berg getauft worden war, hatte ich mit Glauben meine Probleme. Wissen und die Aneinanderreihung und Verknüpfung von Fakten sind in unserem Beruf die Grundlagen jeder Ermittlung. Doch das Gefühl, woher auch immer es kommt, darf nicht unterschätzt werden. Wir diskutierten noch eine Zeitlang weiter und der Aschenbecher füllte sich mit Unmengen von Kippen. Zwei leere, zerknüllte Packungen Club lagen auf dem Tisch. Denken, diskutieren, Theorien erstellen – rauchen und Kaffee gehörten dazu im Revier.

Inzwischen war es Anfang Januar 1971. Roland K. hatte sich über die Sicherheitsmaßnamen der Sparkasse informiert. Er war zu dem Ergebnis gekommen, dass sich ein Einbruch lohne und keine Gefahr bestünde, erwischt zu werden. Als er den anderen seine Recherchen mitteilte, jubelten alle. Was Roland sagte, war mittlerweile Gesetz.

Dann wurden die Einzelheiten des Einstiegs besprochen. Eines der Gitter sollte aufgebrochen werden. Alles andere sei dann ein Kinderspiel. Zwei Mann wurden für die Sicherheit ausgesucht, sie sollten an der Ecke Schmiere stehen und auf Passanten oder Autos achtgeben. Drei andere sollten das Gitter entfernen und einsteigen. Als Tatzeitpunkt wurde der folgende Mittwoch festgelegt.

Demoliertes Sparkassen-Eisengitter in Berlin-Buch

Sparkasse Berlin-Buch, am darauffolgenden Mittwoch, 23.34 Uhr. Die Meldung kam über Funk. Versuchter Einbruch in die Zweigstelle der Sparkasse Pankow in Berlin-Buch, Wiltbergstraße. Die unbekannten Täter waren zwar nach Überwinden des Eisengitters in das Gebäude eingestiegen und bis in einen Vorraum der Sparkasse vorgedrungen, doch beim

Versuch, die Verbindungstür zum Kassenraum gewaltsam zu öffnen, lösten sie den akustischen Alarm aus. Der schrille Alarmton war in der kalten und windstillen Nacht im Umkreis von mehreren hundert Metern zu hören. Einige Bürger waren von dem Geheul aufgewacht, und in der Nähe der Sparkasse wohnendes medizinisches Personal hatte die Polizei verständigt. Zwei Funkwagen sperrten schon nach wenigen Minuten die zum Tatort führenden Straßen ab. Die Beamten suchten die nähere Umgebung nach den Tätern ab. Doch ohne Erfolg.

Die Abriegelung des Tatortes war eine gute Voraussetzung für die weiteren Maßnahmen. So konnten keine Unbefugten eventuelle Spuren zerstören. Aber die Täter noch vor Ort zu erwischen, war ziemlich aussichtslos. Sie hatten zwar nur wenige Minuten Zeit gehabt zwischen Alarmauslösung und dem Eintreffen der Funkwagen, aber die hatten wahrscheinlich zur Flucht ausgereicht.

Leutnant Kröger und ich wurden über Telefon benachrichtigt und trafen fast gleichzeitig am Tatort ein. Von Anfang an waren wir uns einig: Das war unsere Bande. Günstig für die Tatortarbeit war auch die Wetterlage. Es hatte stark geschneit, so dass wir zahlreiche Schuheindrücke im Schnee sichern konnten. Nach Auswertung aller Spuren konzentrierten wir auf einen sehr individuellen Schuhabdruck. Tatsächlich war dieser Sohlenabdruck, den ich fotografisch gesichert hatte, besonders deutlich und aussagekräftig. Die Schuhsohle hatte nämlich ein ungewöhnliches Profil.

»Na wenigstens etwas«, maulte ich vor mich hin. Wenn du in eisiger Kälte deine Arbeit machen musst, kann dir schon mal die gute Laune vergehen. Ich hatte das Gefühl, dass meine Zehen gleich abfallen würden und mein Gesicht ein einziger Eisblock wäre. Zum Glück hatte ich die Skimütze, die ich zu Weihnachten geschenkt bekommen hatte, auf dem Kopf und konnte die Ohrenklappen runterziehen. Ich wusste, dass ich damit nicht gerade wie ein toller Hecht aussah, doch das war mir bei dieser Kälte völlig egal.

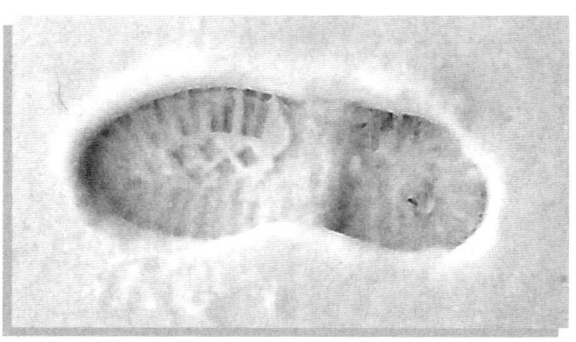

Auffällige Schuheindruckspur am Tatort
Sparkasse Berlin-Buch

Nachdem ich die Spur mit meiner Exa-Kamera auf den Orwo-Film gebannt hatte, konnte ich endlich auch wieder die Handschuhe anziehen.

»Jetzt brauchen wir nur noch den Besitzer dieser Winterschuhe, dann haben wir unsere Bande«, murmelte Leutnant Kröger in die Nacht hinein.

»Na toll«, erwiderte ich sarkastisch. »Alle Bucher männlichen Geschlechts ab vierzehn zum Schuhezeigen antreten.« Irgendwie kam der Witz bei meinem Kollegen nicht so richtig an, so dass ich Hans entschuldigend auf die Schulter klopfte. »Ach, Hanne, du weißt doch, wie ich das meine. Bei der Überprüfung von Verdächtigen haben wir jetzt doch wesentlich größere Erfolgsaussichten.«

»Du hast recht.« Hans grinste. »Dein Optimismus hat auch mich angesteckt.« Dann klopfte er sich ein paar frisch gefallene Schneeflocken vom Mantel. »Außerdem haben wir richtig Glück gehabt. Hätte es eine Stunde früher wieder zu schneien angefangen, wären die Schuhspuren kaum mehr so deutlich sichtbar«, sagte er mehr zu sich selbst als zu mir.

Irgendwann gegen vier Uhr morgens war ich mit meiner Arbeit fertig. Nach Hause fahren lohnte sich nicht mehr. Um acht Uhr früh musste ich schon wieder auf der Matte stehen. Ein Polizeiwagen setzte mich am Revier ab und ich schlief gleich am Schreibtisch ein.

Als die Sekretärin mich morgens mit dem Kopf auf der Schreibtischplatte vorfand, bekam sie einen gehörigen Schreck. Sie dachte, ich wäre ohnmächtig oder sogar tot. Nach einem kräftigen Kaffee war ich bald wieder fit und munter.

Nach und nach trafen auch die anderen Kollegen wie die Schutzpolizisten und der ABV ein und wir setzten uns zusammen. Bis in den späten Nachmittag hinein diskutierten wir die verschiedenen Möglichkeiten, wie wir weiter vorgehen wollten. Die eventuelle Fluchtrichtung der Täter spielte dabei eine große Rolle. Jeder von uns machte Vorschläge, nur Hans Kröger erschien mir schweigsamer als sonst. Als er sich gegen achtzehn Uhr von mir verabschiedete, meinte er:

»Berndt, ich muss heute Abend noch etwas überprüfen. Bitte sei morgen schon gegen sechs Uhr im Revier.« Seine Stimme klang irgendwie anders, als wäre das, was er zu tun beabsichtigte, ein besonders schwerer Gang für ihn. Obwohl ich gern nachgefragt hätte, ließ ich ihn in Ruhe und akzeptierte sein geheimnisvolles Verhalten. Ich kannte ihn inzwischen gut genug und wusste, dass er kein Schaumschläger und Wichtigtuer war.

An diesem Abend ging ich ins Kino. Irgendein DEFA-Musikfilm, von dem ich, trotz lauter Musik, nur die ersten Minuten erlebte. Dann schlief ich ein.

Am nächsten Morgen war ich pünktlich um sechs im Polizeirevier. Hans kam kurz nach mir durch die Tür und machte einen niedergeschlagenen Eindruck. Ich sah ihm an, dass er noch weniger geschlafen hatte als ich. Er behielt seinen Mantel an und lief ein paar Mal durch den Raum. Dann blieb er stehen.

»Weißt du wem ›unser‹ Schuh gehört?«, fragte er. »Nein, du kannst es gar nicht wissen. Der junge Mann, der diesen Schuheindruck am Tatort hinterlassen hat, heißt Roland K., ist ein achtzehnjähriger Schlosserlehrling, wohnt bei seinen Eltern in einer Dienstwohnung im Klinikum Buch und ist der Sohn meines Freundes Werner.«

»Mein Gott! Das darf doch nicht wahr sein, Hans.« Mehr brachte ich in diesem Moment nicht heraus. Ich fühlte mich so unwohl wie lange nicht.

»Es gibt keinen Zweifel. Ich habe gestern Abend Werner unangemeldet besucht. Ich wusste, dass es eine Angewohnheit der Mieter dieser Dienstwohnungen ist, ihre getragenen Schuhe vor die Wohnungstür zu stellen. Damit sie trocknen, oder was weiß ich warum. Ja, und dann habe ich die Schuhe, nach denen wir suchen, gesehen und sie fotografiert. Ich bin mir absolut sicher, es ist der Schuh, der den Abdruck vor der Sparkasse hinterlassen hat. Anschließend habe ich mit Werner und seiner Frau noch ein Bier getrunken, bin aber auf unsere Ermittlungen nicht eingegangen. Kein Wort von meinem Verdacht ihrem Sohn gegenüber. Kein Wort vom Schuhabdruck. Ich bin mir erbärmlich vorgekommen. Kurz bevor ich ging, ist auch Roland gekommen. Ich bin sicher, er hat keinen Verdacht geschöpft.« Hans nahm seine Wanderung durch das Büro erneut auf. Er war fix und fertig. Schließlich zog er seinen Mantel aus und setzte sich.

Originalschuh, der zur Überführung der Täter führte

»Mensch Hanne, das ist ja wirklich eine echte Scheiße. Was sollen wir tun?«

Es folgte minutenlanges Schweigen. Die Spannung in dem kleinen Raum war greifbar. Ich steckte mir eine Club an. Nach einer gefühlten Ewigkeit antwortete Hans:

»Ich möchte dich bitten, die Festnahme und die Vernehmungen von Roland zu übernehmen. Ich bin dazu nicht in der Lage. Ich kenne den Jungen seit seiner Einschulung; werde mich aber auf die Mittäter konzentrieren. Ist das in Ordnung?«

»Na klar, Hans, kein Problem. Ich kann deine blöde Situation völlig verstehen.«

Nachdem wir die weitere Vorgehensweise und die erforderliche Unterstützung durch andere Revierbereiche besprochen hatten, wurde gehandelt. Um vierzehn Uhr erfolgte die Festnahme von Roland K. auf seiner Arbeitsstelle in Berlin-Weißensee. Ich habe selten einen Verbrecher gesehen, der so überrascht war wie er. Er hatte sich offensichtlich für unantastbar gehalten. Er wurde auf unser Revier gebracht.

Zu diesem Zeitpunkt waren bereits drei weitere Mittäter ermittelt: Wolfgang T., Sven P. und Torsten M. wurden von uns im Revier 285 sowie in der Inspektion am S-Bahnhof Pankow vernommen. Die Vernehmungen führten wir getrennt durch, damit sie sich nicht untereinander absprechen konnten. Am frühen Abend dieses Tages erfolgten auch die Festnahmen von Martin L. und Peter A., womit wir die ganze Bande im Gewahrsam hatten. Für alle sechs Täter wurden Haftbefehle ausgestellt und richterliche Durchsuchungen ihrer Wohnungen angeordnet.

Wie ich es in meiner Laufbahn später noch oft erlebt habe, kippten die Bandenmitglieder in den Vernehmungen schnell um. Aus Großmäulern und starken Kerlen wurden innerhalb weniger Stunden kleinlaute, sich nur noch selbst bedauernde Wesen. Ohne größere Schwierigkeiten waren alle Täter nach kurzer Zeit geständig. Neben zahlreichen gestohlenen Waren und Tatwerkzeugen wurde natürlich auch der Schuh des Haupttäters Roland K. als Beweismittel gesichert. Nach Auswertung der einzelnen Aussagen und Sichtung der Beweismittel konnten wir die Tatbeteiligung jedes Täters einschätzen. Es zeigte sich, dass der sechzehnjährige Schüler Sven P. nach Roland K. das aktivste und eifrigste Bandenmitglied war. Ebenfalls der neunzehnjährige Peter A., der die Einbruchswerkzeuge besorgt hatte, indem er sie Stück für Stück auf seiner Arbeitsstelle stahl. Aber Haupttäter und Initiator aller Straftaten war Roland K.

Seine Vernehmungen, die hauptsächlich von mir durchgeführt wurden, liefen mit großem persönlichen Abstand und emotionslos ab. Roland K. merkte schnell, dass er verloren hatte, und seine anfängliche Arroganz verlor sich schnell. Er war schlau genug zu wissen, dass er mit plumpen Lügen oder Verschleierungen kein Entgegenkommen von uns erwarten konnte. Ziemlich schnell verriet er mir mehrere Verstecke im Bucher Forst, in denen wir viele der geklauten Gegenstände fanden. Kassetten mit Schmuck und weiteres Diebesgut, das nicht sofort zu Geld gemacht werden konnte, hatten sie an anderen Stellen vergraben. In den Wohnungen dagegen wurde nichts gefunden.

Interessant war allerdings folgende Situation: Kurz vor seiner Festnahme wurde von Roland K. von einem Oberschüler aus Buch wegen vorsätzlicher Körperverletzung angezeigt. Erst nach der Festnahme erfuhr ich von dieser Tat. Auf Nachfrage erklärte mir der zuständige Sachbearbeiter, dass das Motiv der Körperverletzung nicht geklärt werden konnte, weil der Geschädigte keine Angaben machen wollte. Daraufhin befragte ich den Schüler noch einmal selbst. Nach längerem Zögern erzählte er mir, was tatsächlich geschehen war.

Zu Beginn des neuen Jahres hatte er einen anonymen Telefonanruf erhalten. Der Anrufer forderte von ihm zweihundert Mark. Dieses Geld sollte er an einer genau bestimmten Stelle im Schlosspark hinterlegen. Der Unbekannte erklärte, dass er einige Informationen über das Fehlverhalten des Schülers hätte. Doch der Junge ging auf die Forderung nicht ein. Der Unbekannte rief danach noch zweimal an und drohte, die Dinge öffentlich zu machen. Aber der Schüler reagierte nicht. Ein paar Tage später wurde er auf offener Straße von Roland K. körperlich angegriffen und verletzt. Dabei habe der Schläger ihm unmissverständlich gedroht, die Peinlichkeiten, von denen der Junge auch mir nichts Genaueres erzählen wollte, seinen Eltern zu verraten. Es sei denn, er zahle endlich. Mit dem Spruch »Geld oder Blut« verschwand Roland K., nicht ohne dem Jungen noch einmal ins Gesicht zu schlagen.

Trotz des Einschüchterungsversuchs erstattete der Schüler Anzeige wegen Körperverletzung, ohne dabei allerdings die Hintergründe zu nennen. Durch diese Aktion zeigte sich auch noch die andere kriminelle Seite des Bandenführers. Er war nicht nur ein Einbrecher und Dieb, sondern auch Erpresser und ein brutaler Schläger. Wie sich in späteren Vernehmungen der anderen herausstellte, war er durch diese Eigenschaften als Kopf der Bande prädestiniert. Sie erklärten zum Beispiel, dass Roland K. keine Drohungen innerhalb der Bande auszusprechen brauchte. Sein gesamtes Auftreten duldete keinen Widerspruch.

In einer gesonderten Vernehmung, nur auf die Erpressung bezogen, gestand Roland K. weitere derartige Straftaten. Die Überprüfung seiner Angaben ergab, dass er rund eintausend Mark damit erbeute hatte. Die Tippgeber für die Erpressungen belohnte er großzügig mit Geldprämien. Bei dem letzten Erpressungsopfer verlor er allerdings die Nerven. Dass der Erpresste seine Drohungen ignorierte, konnte Roland K. nicht dulden. Wenn sich das herumspräche, würden ihn auch die anderen Opfer nicht ernst nehmen. Die ganze Erpressungsidee wäre dann zum Scheitern verurteilt. Er fühlte sich also zum Handeln gezwungen. Er schlug den Jungen in der Hoffnung zusammen, dass der dann das Geld »abdrücken« würde. Dass er zur Polizei gehen könnte, kam Roland überhaupt nicht in den Sinn. Da hatte er den Jungen falsch eingeschätzt. Das passiert auch erfahrenen, älteren

Straftätern oft. Sie glauben alles im Griff zu haben und wundern sich darüber, dass sich menschliche Verhaltensweisen nicht immer genau vorausahnen lassen.

Roland K. blieb bis zur Gerichtsverhandlung in U-Haft. Er wurde vom Stadtbezirksgericht Berlin-Pankow zu drei Jahren Freiheitsentzug ohne Bewährung verurteilt. Der Hilfsarbeiter Peter A. und der Schüler Sven P. wurden nach zwei beziehungsweise drei Monaten aus der U-Haft entlassen. Peter A. erhielt eine Freiheitsstrafe von zwei Jahren ohne Bewährung. Der Schüler Sven P. eine einjährige Jugendstrafe. Der Lehrling Wolfgang T. wanderte für eineinhalb Jahre ins Gefängnis. Die restlichen Bandenmitglieder erhielten Bewährungsstrafen.

Meine Kollegen vom Revier 285 und ich hatten jetzt endlich Ruhe vor dieser Bande. Glücklich waren auch die Einwohner von Buch. Die Festnahme der Männer hatte sich schnell herumgesprochen und wir erhielten Lob und Anerkennung von allen Seiten. Zwei alte Damen brachten uns Blumensträuße und ein Bauer aus der Umgebung sogar einen dicken Schinken. Da wir uns nicht einigen konnten, ob das unter Bestechung lief, aßen wir den Schinken noch am selben Tag auf. Jetzt konnten wir uns auch nach Feierabend endlich mal wieder ein Bier bei »Tante Erna« genehmigen.

Weniger fröhlich sah es in der Familie von Roland K. aus. Die Eltern fragten sich immer wieder, was sie falsch gemacht hatten. Ihr Sohn Roland passte überhaupt nicht in das tadellose Familienbild. Bruder Thomas, fünfzehn Jahre alt, war ein guter Schüler. Mutter Elke eine qualifizierte und beliebte Krankenschwester und Vater Werner hatte sich auch noch nie etwas zuschulden kommen lassen. Doch trotz der schwierigen Umstände hatte die Freundschaft zwischen meinem Kollegen Hans Kröger und Rolands Vater nicht gelitten. Im Gegenteil, Hans und Werner saßen oft zusammen. Manchmal redeten sie über den Fall, manchmal schwiegen sie. Es war eine außergewöhnliche Freundschaft. Sie waren Freunde fürs Leben …

Jahreswechsel 1973/74. Überall wurde Silvester gefeiert. Meistens feuchtfröhlich und mit viel Geknalle. Ich hatte Nachtdienst, wie sich jeder denken kann, nicht ganz freiwillig. Doch die Polizeikräfte mussten für alle Fälle bereit sein, so wie jedes Jahr. Der Silvesterdienst war nicht gerade beliebt. Doch es gab ein jährlich wechselndes Rotationsverfahren und jeder war mal mit dem Nachdienst an der Reihe. Der Dienst ging von sechzehn Uhr bis acht Uhr des nächsten Tages.

Außer einigen Körperverletzungen im Zusammenhang mit verstärktem Alkoholgenuss war bis Mitternacht nicht viel los. Nur ein Fall war recht ungewöhnlich. Eine Frau hatte ihren Mann so stark verprügelt, dass er bei uns Hilfe suchte. Die Frau folgte ihm bis ins Revier. Erst nachdem der Mann sich für sein Fremdgehen bei ihr entschuldigte und beteuerte, er liebe nur sie, beruhigte sie sich etwas. Als versöhntes Paar verließen sie Händchenhaltend unsere Räume.

Pünktlich um Mitternacht stießen wir mit einem Gläschen Sekt an. Der Offizier des Hauses (OdH) hatte eine Flasche Rotkäppchen spendiert. Acht Mann und eine Flasche. Nicht gerade ein Besäufnis.

Um zwei Uhr informierte mich der OdH über einen schweren Verkehrsunfall. Ein Nachtbus hatte einen vermutlich betrunkenen, männlichen Fußgänger auf der Karower Chaussee im Ortsteil Karow überfahren. Der Fußgänger war tot, seine Identität unbekannt. Das bedeutete für mich den Einsatz zur Identifizierung des unbekannten Unfallopfers. Die Bereitschaft der Verkehrspolizei war bereits vor Ort und hatte die Sachlage geklärt.

Von einem Fahrer wurde ich im Dauerdienst-Pkw, einem Wartburg, zum Unfallort gebracht. Für derartige Einsätze hatten wir extra eine Tatorttasche, in der alles drin steckte, was man für solch einen Fall braucht: Maßband, Kreide, Taschenlampe, Handschuhe, Klebstoff und natürlich Formulare und Bleistifte. Alles hatte seine Ordnung. Außerdem hatte ich noch meinen Fotoapparat mitgenommen, obwohl ich wusste, dass die Verkehrspolizisten bereits umfangreiche Aufnahmen vom Unfallgeschehen gemacht hatten. Doch diesmal ging es um eine spezielle kriminalistische Aufgabe: um die Identifizierung eines unbekannten Toten. Neben den Fotos musste bei einem derartigen Sachverhalt eine sogenannte Kleiderkarte angefertigt werden. Aus Hose, Jacke, Hemd und Pullover des Toten werden kleine rechteckige Stoffteile herausgeschnitten und auf den Vordruck geklebt. Eine hilfreiche Vorarbeit, die, wenn man sie Familienangehörigen oder nahestehenden Personen vorlegte, bei der Identifizierung helfen konnte.

Der Tote lag unmittelbar neben dem Fahrbahnrand und trug einen schwarzen Ledermantel. Ich fotografierte das Gesicht des Toten und stockte. Plötzlich rasten Gedanken durch meinen Kopf. Sehr unangenehme Gedanken. Die Person kam mir bekannt vor. Ich habe ein ausgeprägt gutes Gedächtnis. Insbesondere wenn es um die Wiedererkennung von Gesichtern geht. Mein Namensgedächtnis dagegen ist schlechter. Ich konnte mich vom Anblick des Gesichts des Toten einfach nicht abwenden. In meinem Kopf rumorte es.

Dann kam die Erkenntnis: Der Tote könnte der Vater des Serieneinbrechers Roland K. sein. Nur hundertfünfzig Meter entfernt wohnte mein Kollege Hans. Hatte der Tote vielleicht bei ihm Silvester gefeiert? *Mein Gott,* dachte ich und wollte mir sofort Gewissheit verschaffen. Ich organisierte noch den Transport des Toten ins Leichenschauhaus in der Hannoverschen Straße in Berlin-Mitte. Dann lief ich zu meinem Kollegen Hans. Je näher ich seinem Haus kam, desto langsamer wurden meine Schritte. Am Zaun des Grundstückes blieb ich paar Sekunden stehen, atmete tief durch und blickte meinem nebligweißen Atem nach. Die Temperatur betrug gefühlt um minus zehn Grad.

Als Hans die Haustür öffnete und mich sah, schlug er mir freudig auf die Schulter. Er glaubte wohl, ich hätte in der Nähe zu tun gehabt und wollte ihm schnell ein frohes neues Jahr wünschen. Doch an meinem Gesichtsausdruck merkte er schnell, dass etwas anderes dahintersteckte, und bat mich wortlos herein. Ich fragte ihn, ob sein Freund Werner bei ihm gewesen wäre. Hanne nickte und schaute mich ernst an. Ja, sein Freund Werner sei bis kurz nach Mitternacht bei ihm gewesen. Man habe auf das neue Jahr angestoßen und dann habe sich Werner auf den Weg nach Hause gemacht. Zu seiner Ehefrau und seinem Sohn Thomas. Als ich ihm vom Tod seines Freundes erzählte, schwieg er minutenlang und stellte das Radio ab.

»Das kann doch nicht wahr sein, ich bringe ja nur Unglück über diese Familie« meinte er. »Erst sorge ich dafür, dass ihr ältester Sohn ins Gefängnis kommt und jetzt auch noch der Tod von Werner.«

Natürlich traf ihn an beiden Situationen nicht die geringste Schuld. Das versuchte ich ihm klarzumachen. Doch Hanne war viel zu durcheinander, als dass meine Worte ihn überhaupt erreichten. Als seine Frau und sein Sohn ihn weinen hörten und erfuhren, was passiert war, verließ ich eine emotional aufgewühlte Familie. Doch es war besser zu gehen und die drei in ihrer Trauer allein zu lassen. Der Gedanke, der Frau des Unfallopfers die Todesnachricht überbringen zu müssen, verursachte mir einen Schweißausbruch nach dem anderen. Doch die Aufgabe blieb mir glücklicherweise erspart. Die Benachrichtigung der Ehefrau übernahm am Vormittag des 1. Januars 1974 der Frühdienst.

Erst gegen zehn Uhr ließ ich mich zu Hause erschöpft ins Bett fallen. Trotz der sich drehenden Gedanken im Kopf schlief ich schließlich ein. Am Nachmittag feierte ich mit meiner Frau und unserem Sohn Silvester. Am Abend besuchten wir meine Eltern in Prenzlauer Berg.

Roland K. wurde nach seiner Haftentlassung Ende 1973 noch zweimal straffällig. Eine Diebstahlshandlung und eine Körperverletzung gegenüber einem Busfahrer der BVG und Fahrgästen. Von seinen ehemaligen Mittätern wurden zwei erneut straffällig. Den anderen schien ein Neuanfang geglückt zu sein.

Die Spuren von Roland K. verloren sich. Keiner hat ihn nach seiner zweiten Haftentlassung gesehen und niemand von ihm gehört. Mitte der 1980er Jahre war er plötzlich westdeutscher Bürger. Irgendwie hatte er es geschafft, sich als politisch Verfolgter von der Bundesrepublik Deutschland freikaufen zu lassen. Er war einer von 33 755 verfolgten und 250 000 ausreisewilligen DDR-Bürgern, die für geschätzte acht Milliarden DM die DDR verlassen durften. Unter der Hand wurde von einer Summe von 60.000 DM pro Kopf geredet. Was hatte sich die BRD von ihm versprochen? Sollte er für sie arbeiten? Hatte er Geheimnisse, die für den westlichen Geheimdienst relevant waren? Bis heute weiß das niemand. Bis heute gibt es darauf keine Antworten.

Dezember 1989. Ich saß mit mehreren Kriminalbeamten aus Ost- und Westberlin zum Erfahrungsaustausch in meinem Büro am Alexanderplatz. Zwei unterschiedliche Systeme sollten zusammengeführt werden. Ich war sozusagen der Gastgeber der Runde, in der erfahrene Kriminalisten aus beiden Teilen der Stadt das Beste für die Zusammenführung der Kriminalpolizei wollten.

Es war eine lockere »Kaffeerunde«. Statt Club wurden jetzt Marlboro geraucht, statt Erichs Krönung dampfte nun Tchibo-Kaffee aus den Tassen. Es war eine besonnene Runde, in der es wenig um Politik, dafür mehr um gegenseitige fachliche Hilfe ging. Im Laufe der Gespräche wurde auch über Altfälle aus Ost und West geredet.

Dabei kam ein Westberliner Kollege auf einen Verbrecher zu sprechen, der mir noch aus meiner Anfangszeit als Revierkriminalist bekannt war: Der Fall Roland K. war damals zwar schon fast zwanzig Jahre her, doch ich erinnerte mich noch an fast alle Einzelheiten. Schließlich war es mein erster großer Fall, an dem ich mitgearbeitet und den ich mit Erfolg zum Abschluss gebracht hatte.

Der Kollege erzählte, dass Roland K. vermutlich nach Mallorca gegangen war, dort ein paar krumme Dinger gedreht hatte, um dann in Westberlin seine Verbrecherkarriere fortzusetzen. So weit er sich erinnerte, fand man ihn eines Abends tot in einem Weddinger Hausflur. Drei Schüsse hatten sein Leben beendet. Da mir der Kollege nicht mehr erzählen konnte, suchte ich selbst nach weiteren Einzelheiten. Doch die Menschen, mit denen ich sprach, wussten nur wenig von ihm. Und die, die mehr wussten, schwiegen. Entweder leugneten sie jeden Kontakt zu ihm und behaupteten, ihn überhaupt nicht gekannt zu haben. Oder sie schwiegen aus Angst, vielleicht ebenso zu enden wie er. Das wenige, was ich trotzdem erfuhr, schildere ich mit dem Zusatz: So könnte es gewesen sein.

Eines Tages taucht Roland K. auf der Insel Mallorca auf. Ein braungebrannter Kerl, nach dem sich alle Frauen umdrehten. Wenn er mit Goldkettchen um den Hals am Strand entlanglief, sah er aus wie beim Schaulaufen. Ein Psychologe hätte ihm vielleicht eine narzisstische Neigung bescheinigt. Immer im Mittelpunkt stehen. Stets den Ton angeben. Immer der Größte sein.

Den ersten Ärger bekam er schon nach wenigen Wochen am Strand von Palma. Eine schlanke Blonde, die Haare verdeckten kaum ihren nackten Busen, hatte es ihm angetan. Ungefragt legte er sich wenige Zentimeter neben sie. Auf ihre Bitte, sich doch einen anderen Platz zu suchen, ihr Freund käme gleich, lachte Roland K. nur. Fünf Minuten später hatte der Freund ein blaues Auge und einen ausgerenkten Arm.

Der »Flirt« brachte ihm fünf Tage in einem mallorquinischen Knast und umgerechnet 8.000 D-Mark Geldstrafe ein. Abgesehen von dem später noch fälligem Schmerzengeld für den ausgekugelten Arm.

Es gibt Menschen, die aus ihren Fehlern lernen und welche, die sie immer wiederholen. Zu den Letzteren gehörte Roland K. Er verkaufte Schmuck, von dem niemand wusste, woher er stammte, für den er jedoch reißende Abnehmer fand. Man verdächtigte ihn auch, zwei verheiratete Rechtsanwälte erpresst zu haben, weil sie Affären mit jungen Frauen hatten. Ein Model, das einen wohlhabenden Immobilienmakler geheiratet hatte, gehörte ebenfalls zu seinem »Kundenstamm«. Sie vergnügte sich mit jungen Männern, während ihr weitaus älterer Gatte das Geld verdiente, das sie mit vollen Händen ausgab.

So lebte Roland K. ein Leben auf der anderen Seite des Gesetzes, doch ohne Geldsorgen. Er fuhr einen schwarzen Jaguar, auf dem Beifahrersitz den Pudel Coco. Ein Mann, der Hunde liebt, kann doch nichts Böses tun. Der Immobilienhai starb, die Gattin erbte und war von nun an nicht mehr erpressbar. Als Roland auch noch mit einem krummen Ding bei seinen Schmuckgeschäften fast aufgeflogen wäre, wurde ihm der Boden auf der Insel zu heiß. Er verschwand. Kein Mensch wusste, wohin. Monate später tauchte er in Berlin wieder auf.

Was macht ein Mensch, der von Jugend an von Diebstahl und Erpressung gelebt hat? Roland K. machte in seinem alten Gewerbe weiter. Erpressung war immer ein gutes Geschäft gewesen. Warum also nicht da weitermachen, wovon er schon auf Mallorca gut gelebt hatte? Nur größer wollte er es diesmal aufziehen. Nicht nur hier und da ein bisschen, sondern prestigeträchtig und lukrativ.

Zuerst musste eine schöne Frau her. Aber eine, die nicht

nur gut aussah, sondern auch skrupellos genug war, ihre Schönheit zu vermarkten. Elena ging auf den Strich und hatte alle Voraussetzungen für dieses Geschäft. 1,76 Meter groß, schlank und lange schwarze Haare. Ihr dunkler Teint und die braunen Augen verrieten, dass sie aus Südeuropa stammte. Elena war Spanierin. Sie liebte es, Männer zu verführen und ihnen das Geld aus der Tasche zu ziehen. Sie hatte den Sprung vom Autostrich über ein Nobelbordell bis hin zur »selbständigen« Edelprostituierten geschafft. Sie selbst wies diese Bezeichnung allerdings weit von sich. Sie sah sich eher als Liebhaberin auf Zeit. Wobei die Zeiten zwischen zwei Stunden und einer Woche variierten. Sie verdiente gut, besaß eine Dachgeschosswohnung mit Designermöbeln in Ku'damm-Nähe und ein Cabriolet in der Garage. Doch Elena wollte mehr, wollte ganz oben in der Liga der Reichen mitmischen.

Genau wie Roland K. Die beiden hatten sich gefunden. Er als Freier, sie als Liebhaberin auf Stundenbasis. Sein Instinkt sagte ihm, sie wäre die Richtige für sein neues Geschäftsunternehmen. Der Sex mit ihr gefiel ihm. Sie war nicht prüde, verführte ihn gleich beim ersten Treffen auf dem Küchentisch. Dass er dafür allerdings fünfhundert DM auf eben diesen Tisch legen musste, gefiel ihm weniger. Aber als Geschäftsmann betrachtete er diese und ein paar weitere zahlungsintensive Treffen mit ihr als Kapitaleinsatz.

Irgendwann wagte er sich vor und erzählte von einer Bekannten, die mit ihrem körperlichen Einsatz doppelt so viel verdiene. Einmal mit ihrem hohen Stundenlohn, und zum zweiten mit dem Schweigegeld vom selben Herrn. Vorausgesetzt, dass dieser über ein größeres Bankkonto und über eine eifersüchtige Ehefrau verfügte. Roland »gestand« ihr, dass er im Zwiespalt sei und nicht wisse, was er davon halten sollte. Wie erwartet, war Elena von der Idee seiner Bekannten Feuer und Flamme. *Na ja, wenn du meinst …*

Danach schmiedeten sie Pläne. Wer von ihren Freiern infrage käme. Mit welchen Mitteln man denjenigen erpressen könnte. Sie kauften vier kleine Kameras für Elenas Liebesnest. Eine kam ins Bad, seitlich von der Wanne. Zwei rechts und links von ihrem Bett, versteckt hinter zwei erotischen Gemälden, und die vierte nahm alles von vorn auf.

Dazu hatte Elena noch die Idee mit den Liebesbriefen. Es gebe ein paar »Gäste«, erzählte sie Roland, die hätten sich in sie verliebt. Als sie angefangen habe, ihnen liebevolle Briefe mit dem Wunsch zu schreiben, ihr doch die sexuellen Fantasien mitzuteilen, hatten einige von ihnen doch tatsächlich schriftlich geantwortet. Der zweite Teil der Erpressungsidee war geboren.

Das Zweileuteunternehmen lief gut. Sie machten halbe-halbe. Dass Elena allerdings auch fünfzig Prozent ihres Verdienstes durch körperlichen Einsatz abgeben sollte, passte ihr allerdings weniger. Aber gegen Rolands Argumente hatte sie keine Chance. Seine Fäuste überzeugten sie.

Die Verheirateten zahlten, um ihre Ehe zu retten und keinen Ärger zu bekommen. Es sollen sogar einige Politiker unter den Gästen gewesen sein. Auch sie haben schließlich sexuelle Gelüste. Doch es wäre ihnen sicherlich sehr peinlich gewesen, ihre erotischen Vorlieben in einer Zeitung zu lesen.

So weit war alles gut. Die Geschäfte liefen. Doch dann wurde es plötzlich eng für Roland. Als seine Unternehmungen in der Unterwelt die Runde machten, sahen ein paar Jungs aus dem Rotlichtmilieu ihre Chance und wollten mit derselben Masche Geld verdienen. Wer die Leute waren, ließ sich nicht in Erfahrung bringen. Aber zu dieser Zeit existierten in Westberlin genügend Banden, die sich ein gutes Geschäft nicht entgehen lassen wollten. Es gab Kämpfe untereinander und es gab Sieger und Besiegte. Roland K. jedenfalls blieb ermordet auf der Strecke. Sein Tod konnte nie aufgeklärt werden.

Danksagung

Mein Dank gilt postum einigen in meinen Büchern namentlich genannten ehemaligen Kollegen, die leider in den Jahren 2015 bis 2019 verstorben sind, für die ausgezeichnete Ausbildung und Zusammenarbeit.

Namentlich möchte ich erwähnen:

Kriminalrat a. D. Horst Wrobel, langjähriger Leiter der Morduntersuchungskommission (MUK) des Volkspolizeipräsidiums Berlin

Hauptkommissar a. D. Horst Haufschild, langjähriger Kommissariatsleiter in verschiedenen Volkspolizeiinspektionen Ostberlins, Ausbilder der Kriminalassistenten im Praktikumsbereich des Volkspolizeipräsidiums Berlin

Oberkommissar a. D. Klaus Betzien, Kriminaltechniker der Volkspolizeiinspektion Berlin-Pankow

Hauptkommissar a. D. Klaus Schmidt, Arbeitsgruppenleiter der Volkspolizeiinspektion Berlin-Marzahn

Bildnachweis

Alle Bilder stammen aus dem Privatarchiv von Berndt Marmulla, ausgenommen S. 50: picture-alliance / ZB / Reinhard Kaufhold; S. 52: BArch Bild 183-1990-0327-022; S. 67: BArch Bild 183-T1120-026; S. 74: BArch Bild 183-N1213-401 / Klaus Franke; S. 97: picture-alliance / ZB / Bernd Settnik